Stefan Vatter

St. Magnus
Apostel des Allgäus

Leben, Wirken und Bedeutung

Kunstverlag Josef Fink

Vielen Dank für die Unterstützung:

Impressum
2., erweiterte Auflage 2013
ISBN 978-3-89870-657-5

© **Kunstverlag Josef Fink**
 88161 Lindenberg im Allgäu
 www.kunstverlag-fink.de

Gestaltung
grafikbüro brandner, Leutkirch im Allgäu
Zeichnungen
Michael Steiger, Kempten
© Stefan Vatter, Kempten
Bildbearbeitung
Camscan, Ralf Henrich, Stiefenhofen
Druck
Joh. Walch GmbH & Co. KG, Augsburg

**Bibliografische Information
der Deutschen Nationalbibliothek**
Die Deutsche Bibliothek verzeichnet diese Publi-
kation in der Deutschen Nationalbibliografie;
detaillierte bibliografische Daten sind im Internet
über >http://dnb.d-nb.de< abrufbar.

Inhaltsverzeichnis

Silberbeschlag von 1783, Abt Magnus von Füssen mit Stab,
der den feuerspeienden Drachen tötet und dem Klosterwappen von Soreth (= Schussenried). Pfarrkirche St. Magnus,
Bad Schussenried

Grußwort des Bayerischen Ministerpräsidenten Horst Seehofer

Sehr geehrter Herr Pfarrer Vatter,
liebe Leserinnen und Leser,

dieses Werk über das Leben des heiligen Magnus erinnert uns daran, wie wichtig Einsatz aus Idealismus ist – und wie sehr er ein Land prägen kann. Aus seinem tiefen Glauben heraus speiste der heilige Magnus seinen Idealismus und schöpfte Kraft, die frohe Botschaft zu verkünden. Bayern ist ein christlich geprägtes Land. Das spüren wir in unseren Werten und Traditionen. Doch dies wäre vermutlich nicht so, wenn es nicht mutige und idealistische Menschen wie Magnus gegeben hätte. Sein Wirken und seine Botschaft sind daher bis heute gültig, das Werk über ihn sowohl historisch als auch modern!

Viel Freude beim Lesen wünscht

Horst Seehofer
Bayerischer Ministerpräsident
Vorsitzender der Christlich-Sozialen Union

Grußwort des Baden-Württembergischen Ministerpräsidenten Winfried Kretschmann

Das Wirken des heiligen Magnus hat in erster Linie das Allgäu geprägt, doch seine Bedeutung strahlt weit darüber hinaus. Als Mönch zog er sich nicht hinter Klostermauern zurück, sondern lebte mit seinen Brüdern in kleinen Zellen mitten unter den Menschen. So waren die Mönche um Magnus nicht nur als Seelsorger präsent, sondern unterstützten mit ihrem Wissen und ihrem Mittun die Menschen ganz konkret in ihrem Alltag. Magnus predigte nicht nur das Evangelium, sondern lebte es mit den Menschen. So agierte er aus der Mitte der damaligen Gesellschaft heraus für die einzelnen Mitglieder – das imponiert mir.

Winfried Kretschmann
Ministerpräsident des Landes
Baden-Württemberg

St. Magnus und St. Lorenz vor der Kemptener St.-Mang-Brücke. Im Hintergrund ist die St.-Mang-Kirche zu sehen. Darstellung von Karl Hoefelmayr, 1952

Vorwort

St. Magnus ist eine der beeindruckendsten Personen des 8. Jahrhunderts. Ein Buch über den Apostel des Allgäus zu schreiben ist ein Wagnis, bei dem viele Sackgassen und Untiefen warten. Es ist ein durchaus riskantes Unterfangen, ein Bild von Magnus zu entwerfen, der zwar eine unbestritten breite Wirkungsgeschichte aufzuweisen hat, aber dessen Vita – die einzige schriftliche Quelle über ihn – kontrovers diskutiert wird.

Ziel dieses Buches ist es, ein lebendiges Bild von Magnus zu entwerfen, das weder trocken-wissenschaftlich noch frei erfunden ist. Die Ausführungen bewegen sich im Spannungsbogen zwischen notwendigen harten Fakten und darauf aufbauender Interpretation.

Das Buch beschreibt zunächst die Lebenssituation der Menschen im Allgäu des 8. Jahrhunderts, geht auf die iroschottische Prägung des Magnus ein und untersucht den historischen Kern der alten Handschriften. Der Lebensweg des Magnus, sein Wirken im Allgäu und was daraus geworden ist, all das kommt zur Sprache. Seine Verehrung über die Jahrhunderte und seine bis heute fortdauernde Bedeutung belegen, dass er uns auch im 21. Jahrhundert noch Wesentliches zu sagen hat. Eigens für das Buch angefertigte Zeichnungen, Skizzen und Fotos sowie zahlreiche künstlerische Darstellungen aus unterschiedlichsten Epochen summieren sich zu einem eindrucksvollen Gesamtbild.

Herzlichen Dank an die Bürgermeister, die Dekane, Herrn Alois Glück, Herrn Dr. Lechner, Herrn Dr. Theo Waigel, Herrn Michael Kobr und Herrn Thomas Härry für all die inspirativen Rückmeldungen und Gespräche. Es freut mich sehr, dass das Buch über den Apostel des Allgäus auf so breite Resonanz gestoßen ist, die sich auch in den folgenden Grußworten widerspiegelt.

„Nicht zu Unrecht wird der heilige Magnus als ‚Apostel des Allgäus' bezeichnet und verehrt, hat er doch das Kloster Füssen begründet und stand an der Wiege des Klosters Kempten: Mit seinem Gefährten Theodor, auf den der Bau einer Missionszelle mit Kirchlein zurückgeht, schuf er die ersten Voraussetzungen für die Gründung des Klosters und seine Förderung durch Karl den Großen und seine Gemahlin Hildegard. So können wir Magnus am Beginn eines Entwicklungsprozesses für die Geschichte unserer Stadt im Mittelalter sehen."

Dr. Ulrich Netzer,
Oberbürgermeister von Kempten

„In der Rückschau der Geschichte Füssens und seiner Region ist die Person St. Magnus nicht wegzudenken. Diese prägende Gestalt des 8. Jahrhunderts legte den Grundstein des christlichen Glaubens sowie der heutigen Basilika St. Mang. Legenden wie der Sprung über den Lech sowie der Kampf gegen Dämonen prägen das Bild um seine Persönlichkeit. Es ist eine große Herausforderung, das Leben und Wirken dieses ‚Apostels des Allgäus' aufzuzeigen."

Paul Iacob,
Bürgermeister von Füssen

„Wer sich mit Magnus, dem Apostel des Allgäus, beschäftigt, kann nicht beim Rückblick stehen bleiben. Das im vorliegenden Buch gezeichnete Bild dieses Menschen, der mit aller Leidenschaft für die Botschaft Christi lebt, ist eine Anfrage an uns heute: Wie wichtig ist dir, dass deine Mitmenschen Christus begegnen und in ihm den Grund und das Ziel ihres Lebens finden? Möge es uns immer mehr gelingen, über alle konfessionellen Ausprägungen hinweg gemeinsam das Evangelium zu bezeugen!"

Dr. Bernhard Ehler,
katholischer Dekan in Kempten

„Eine Urzelle des Glaubens – das war die St.-Mang-Kirche in Kempten seit der Reformation für die evangelischen Christen im Allgäu. Bewusst und gerne knüpften sie an das Wirken des legendären Missionars Magnus an: Er blieb Patron der protestantischen Mutterkirche, aus der bis heute viele Tochtergemeinden entstanden sind. Und auf seine Wurzeln beruft sich, was als lebendiger Glaube in unserer Region wächst und gedeiht: Ermutigung zum persönlichen Gottvertrauen, die Rückbesinnung auf das Evangelium von Jesus Christus, Bildung als Schlüssel zu einem freien und mündigen Christsein."

Jörg Dittmar,
evangelischer Dekan in Kempten

„Die Zellen der iroschottischen Mönche sind auch die geistlichen Wurzeln unserer Kultur. Als Fremde sind diese Mönche gekommen; in Zelle und Kloster wollten sie Fremde in Christus bleiben. Darin wird der Spannungsbogen einer jeden christlichen Kultur sichtbar: Sie gewährt Heimat und weiß doch, dass unsere Heimat im Himmel ist. Die Gestalt des Magnus hat gerade in dieser Spannung ihre Prägnanz."

Dr. Michael Lechner,
Spiritual im Priesterseminar Augsburg

Die drei „Allgäuheiligen" mit Hirtenstab: St. Columban, St. Gallus und St. Magnus. Wohin werden sie uns führen?

„Stefan Vatter zeichnet, mit zahlreichen Bildern, Grafiken und Fotos unterlegt, ein plastisches Bild des frühmittelalterlichen Mönches Magnus. Dadurch wird die Figur des Heiligen Magnus in seinem Leben, Wirken und Bedeutung lebendig. Das Bestreben des Magnus, vorbildhaft in der Nachfolge Jesu zu leben und lebensnah handelnd die Menschen mit der Botschaft des Evangeliums zu erreichen, leuchtet immer wieder auf. Mit großer Hingabe und Leidenschaft verkündigte und lebte Magnus das Evangelium in Wort und Tat. Dadurch wurde der Bevölkerung nachvollziehbar die Bedeutung eines lebendigen Gottesglaubens nahegebracht. Die Zukunft der Kirche wird wesentlich davon abhängen, ob sie in der Lage ist, mit der Botschaft des Evangeliums die Menschen von heute zu erreichen. Die immer während und nötige Erneuerung der Kirche kann nur aus diesem Kern des christlichen Glaubens selbst kommen. Die vorliegende Biographie des Apostels Magnus kann dafür hilfreiche Impulse und Inspirationen geben."

Alois Glück
Präsident des Zentralkomitees
der deutschen Katholiken

„Seit meiner Kindheit begleitet mich die Figur des heiligen Magnus, dem Apostel des Allgäus. Später habe ich erfahren, dass sein Begleiter Theodor, als ein Namensvetter von mir, eine wichtige Rolle gespielt habe. Gerade in einer Zeit, in der Europa über seine Wurzeln, seine Fehler und seine Bestimmung verstärkt nachdenkt, sollte nicht vergessen werden, welche Beiträge Länder wie Irland für die Christianisierung und die Kultur Europas geleistet haben."

Dr. Theo Waigel
Bundesfinanzminister a. D.

„Hätte ich dieses Buch nur mal früher gekannt bei der Recherche zum Krimi ‚Schutzpatron' – wie praktisch wäre das gewesen. Dass lokale, religiöse Geschichte so informativ und so anschaulich dargestellt sein kann – großen Respekt! Und dem Magnus-Experten Stefan Vatter nix für ungut für eventuelle Recherchefehler in unserem Roman!"

Michael Kobr
deutscher Autor, Kluftinger-Krimis

Rezension zur 1. Auflage

„Ein regionales Buch – und doch eins mit Bedeutung darüber hinaus. Schon die Ausstattung weckt Lust aufs Stöbern und Lesen: Die Biografie des Allgäu-Heiligen St. Magnus ist reich bebildert und grafisch gut aufgemacht.

Auch inhaltlich ist das Buch wertvoll: Es widmet sich der Lebensgeschichte eines Mönchs aus der Tradition der iroschottischen Missionsbewegung, der im 8. Jahrhundert vom Kloster St. Gallen (Schweiz) aus ins heute bayrische Allgäu gesandt wurde. Hier entfaltete sich eine wirkungsvolle Missionstätigkeit, die bis in die heutige Zeit hinein Spuren hinterlassen hat. Das Buch gibt Einblick in die iroschottischen Wurzeln dieses Pioniers, zeigt die Wirkungsgeschichte seiner Missionsbemühungen auf und fragt nach deren nachhaltiger Bedeutung. Für den Geschichtsliebhaber eine Fundgrube. Für Leser, die sich darüber hinaus dafür interessieren, wie Mission in der Postmoderne aussehen kann, erinnert dieses Buchprojekt von Stefan Vatter an eine wichtige Aufgabe. Hier tut ein freikirchlicher Pastor etwas, was nur wenige Gemeindeleiter tun – was aber sehr wichtig wäre: Intensiv nach den geistlichen Wurzeln im aktuellen Wirkungsfeld forschen (Vatter ist Pastor in Kempten).

Anstatt von aktuellen Gesellschaftstrends oder gängigen Kirchengemeindebaumodellen auszugehen, blickt er zurück. Wer dieses Erbe freilegt, versteht nicht nur besser, was die Menschen prägt, die hier leben. Er findet auch am ehesten einen guten Weg, wie Menschen heute das Evangelium nahe gebracht werden könnte. Diese Motivation kann andere Gemeindebauer ermutigen, sich ebenso ernsthaft um eine vertiefte Kenntnis der (vielleicht ebenso reichen) Vergangenheit ihres Ortes zu bemühen. Die Chance ist groß, dass man dabei von Gott wegweisende Perspektiven für die Gemeindeaufbauarbeit geschenkt bekommt.“

Thomas Härry
Leiter der Schweizer AUFATMEN-Redaktion

Die angeführten Stimmen umreißen sehr gut die gesellschaftliche Relevanz des Magnus in Vergangenheit und Gegenwart.

Leider ist die wegweisende Doktorarbeit über die Person des heiligen Magnus von Eduard Gebele nicht veröffentlicht worden und daher weitgehend unbeachtet geblieben. Seine Forschungsergebnisse decken sich in vielen Bereichen mit meiner wissenschaftlichen Arbeit, die diesem Buch zu Grunde liegt. Auf sämtliche Fußnoten, Quellenverweise und breitere wissenschaftliche Reflexionen musste leider in diesem Buch zu Gunsten der besseren Lesbarkeit verzichtet werden. Gerade die in dem Buch über Magnus aufgestellte These bezüglich seiner iroschottischen Herkunft ist wohl bedacht und Ergebnis akademischer Forschung, in der über hundert Bücher durchgearbeitet wurden.

Ich wünsche Ihnen beim Lesen und Betrachten des Buches viel Freude, Anregungen und auch so manche Aufregung.

Mein Dank gilt dem Verleger Josef Fink, dem Lektor Dr. Karl Pörnbacher sowie dem grafikbüro brandner für die hervorragende und engagierte Zusammenarbeit, die dieses Buch in der vorliegenden Qualität erst möglich machte. Herzlichen Dank auch an Michael Steiger für die Zeichnungen sowie Pfarrer Anton Schmid und Ralf Lienert für die bereitgestellten Fotos.

In besonderer Weise danke ich meiner Frau Kirsten und meinen beiden Töchtern Sarah und Rebekka, die mich immer wieder entbehren mussten, aber auch großartig unterstützt haben.

Kempten, am Magnus-Tag, 6. September 2013
Stefan Vatter

1

Die Lebenssituation der Menschen zur Zeit des Magnus

- Die Kelten
- Die römische Fremdherrschaft im Allgäu
- Die Alemannen im Allgäu
- Die Franken
- Das Allgäu – ein antifränkisches Widerstandsnest
- Erste Spuren christlichen Wirkens im Allgäu

Magnus-Chorfenster, Königliche Glas-malereianstalt, 1870, ehemals im Chor der St. Mang-Basilika, jetzt im Museum der Stadt Füssen.

Wie kommt es, dass ausgerechnet ein iroschottischer Mönch aus St. Gallen mit Namen Magnus im Allgäu zu einer der beeindruckendsten Gestalten des frühen Mittelalters wird? Magnus scheint der richtige Mann am richtigen Ort zur richtigen Zeit gewesen zu sein. Was aber machte ihn zum richtigen Mann? In welcher Situation lebten die Menschen seiner Zeit? Von welchen politischen und religiösen Vorstellungen waren die Allgäuer, denen Magnus das Evangelium brachte, geprägt? Ein Blick in die frühe Geschichte Süddeutschlands kann diese Fragen beantworten und die Wirkung des Magnus verständlicher machen.

Die Kelten (500 – 15 v. Chr.)

Einst waren die Kelten in ganz Europa verbreitet und haben als Angehörige unterschiedlicher Stämme ihre Spuren hinterlassen. So weist zum Beispiel das Schweizer Autokennzeichen CH = „Confoederatio Helvetica" noch heute die Schweizer als Kelten aus, denn die Helvetier waren ein keltischer Volksstamm, der im 1. Jahrhundert v. Chr. im heutigen schweizerischen Mittelland siedelte.

Zwei keltische Krieger, Michael Steiger

Von den Römern wurden die Kelten Celtae, das heißt die Tapferen, genannt und als Krieger beschrieben, die teilweise nackt in die Schlacht stürmten und letztlich nur durch das militärisch geschlossene Vorgehen der Römer besiegt werden konnten. Die Tragik der Kelten bestand darin, dass sie buchstäblich zwischen den Machtblöcken der im Norden siedelnden Germanen und der im Süden lebenden Römer aufgerieben wurden. Auf dem europäischen Festland wurden die Kelten schließlich vom römischen Reich aufgesogen, und sie verloren ihre eigene Kultur und Sprache. Lediglich auf den Britischen Inseln, vor allem in Irland und Schottland, überlebte die keltische Kultur. Um so interessanter ist es, dass gerade zum christlichen Glauben bekehrte Kelten aus Irland und Schottland diejenigen waren, die einige Jahr

hunderte später als iroschottische Mönche das europäische Festland wirksam mit dem Evangelium erreichten.

Die religiösen Führer der Kelten, die Druiden, waren Priester, Philosophen, Lehrer, Berater, Ärzte, Richter und Forscher zugleich. Sie bildeten eine Art geistige Elite der keltischen Gesellschaft, die neben oder über dem Adel stand und verfügten über weitreichende Kenntnisse der Astrologie, der Magie und der verborgenen Kräfte von Pflanzen und Tieren. Zu ihren Aufgaben gehörten Traumdeutung und Weissagung, die Darbringung von Opfern und die Leitung der Rituale bei religiösen Festen. Da der Einfluss der Römer in Großbritannien und Irland gering war, überlebte das Druidentum dort über die Jahrhunderte. Die unter

Patrick von Irland im 5. Jahrhundert zum Christentum bekehrten Druiden bildeten eine wesentliche Grundlage der folgenden iroschottischen Mönchsbewegung. Vor diesem geschichtlichen Hintergrund wird auch, wie wir später sehen werden, die optische Ähnlichkeit zwischen den Druiden und den iroschottischen Mönchen verständlicher.

Darstellung eines Druiden,
Michael Steiger

Der Höhepunkt und die feierlichste Form der keltischen Religionsausübung war das öffentliche Opfer. Die dargebrachten Tieropfer sollten die Götter gnädig stimmen und die Gemeinde verköstigen. Auch Pferde, die als Begleiter von Göttern und Symbole verschiedener Gottheiten galten, wurden als Opfertiere dargebracht. Ein der keltischen Pferdegöttin Epona geweihter Altar aus dem 1. – 2. Jahrhundert in Kempten verweist nachdrücklich auf die Verankerung keltischer Bräuche und Riten im Gebiet des Allgäus.

Weihestein für die keltische Pferdegottheit Epona in Kempten, aus dem 1./2. Jahrhundert.
Die Inschrift im Wortlaut:
EPONAE / FLORUS / DULLAVI
„Der (Göttin) Epona / hat Florus, (der Sohn) des Dullavius, / (diesen Altar) errichtet."

Die römische Fremdherrschaft im Allgäu (15 v. Chr. – 454 n. Chr.)

Kaiser Augustus, der nach biblischem Hinweis die Volkszählung zur Zeit der Geburt Christi durchführte, ließ die Alpen und das Alpenvorland in einem Blitzkrieg erobern und in das römische Reich eingliedern. So marschierten im Jahre 15 v. Chr. seine beiden Stiefsöhne, der 23-jährige Drusus und dessen älterer Bruder, der spätere Kaiser Tiberius, von Italien herkommend, in das nördliche Alpenvorland ein. Die dort wohnenden Stämme der Rätier, Vindeliker und Noriker erlagen dem kombinierten Angriff der Römer. So gelangten sie ohne größeren Widerstand auch ins Allgäu, in dem zu jener Zeit vindelikische Kelten siedelten und das hinfort der römischen Provinz Rätien zugerechnet wurde, mit Latein als Amtssprache, mit römischem Recht und Gericht. Der römischen Geschichtsschreibung ist es zu verdanken, dass mit dem Einzug der Römer auch das Allgäu in das Licht der Geschichte tritt. Der Geograf Strabo, der spätestens 23 n. Chr. starb, erwähnt im vierten Buch seiner „Geographika" die keltische Polis Kambodounon (lateinisch Cambodunum), aus der das heutige Kempten entstand. Kempten ist damit die nach schriftlichem Beleg älteste „Stadt" (polis) Deutschlands. Zahlreiche archäologische Überreste kurz nach der Zeitenwende weisen auf die römische Besatzungszeit in Kempten hin.

Kempten wurde zur Hauptstadt der römischen Provinz Rätien. Auch hier brachten die Römer ihre Gottheiten, wie beispielsweise Jupiter, Mars und Venus, mit. In den römischen Olymp der Götter wurden allerdings auch ohne Bedenken keltische Gottheiten mit aufgenommen. So steht der bereits erwähnte Weihestein für die keltische Pferdegöttin Epona inmitten des römischen Tempelbezirkes des einstigen Cambodunum. Als unter Kaiser Vespasian um 70 n. Chr. die Nordgrenze des römischen Reiches weiter gen Norden verschoben wurde, war hinfort Cambodunum nur noch eine von vielen Ansiedlungen der Römer, inmitten einer ihrer zahlreichen Provinzen. Die rätische Hauptstadt wurde Augsburg, das von nun an schnell an Bedeutung gewann und später die Stadt war, von der aus die Sendung des Magnus in Gang gesetzt werden sollte.

Römischer Soldat, Michael Steiger

Die Alemannen im Allgäu
(ab 260 n. Chr.)

Woher kommt nun die Bevölkerung des Allgäus? Die von den Römern unterworfenen Kelten waren die ersten sesshaften Bewohner des Allgäus. Ab dem 2. Jahrhundert drängten germanische Völkerschaften, unter ihnen der Stamm der Alemannen, gegen den Grenzwall der Römer, die sie zu Beginn des 5. Jahrhunderts bis zu den Alpen hin zurückdrängten. Es kam zu einer Vermischung der Alemannen mit den eingesessenen Kelten sowie den zurückgebliebenen Romanen. Wie viel von der römischen Restbevölkerung (Restromanitas), die nachweislich in Augsburg und Passau vorhanden war, im Allgäu blieb, lässt sich nicht sagen. Im Wesentlichen bestand die Bevölkerung des Allgäus ab dem 5. Jahrhundert aus dem germanischen Stamm der Alemannen, der auch zur Zeit des Magnus der bestimmende Volksstamm war und bis heute ist.

Die Alemannen brachten in die neue Heimat ihren germanischen Götterglauben mit, errichteten allenthalben im Land ihre heidnischen Kultstätten und opferten dem Allvater Wuotan, dem Wettergott Donar, dem Schwertgott Ziu und anderen Gottheiten. Wuotan, Donar und Ziu bildeten eine Art germanisch-heidnische Dreieinigkeit, der auf Hainen, Berggipfeln, Wegkreuzungen oder unter großen Bäumen geopfert wurde. Die höchste Gottheit war Wuotan, der Gott des Lebens, der alles schaffende, durchdringende und bildende Allvater. In der Walhalla thront er auf seinem die ganze Welt überschauenden Hochsitz. Religion und Leben wurden nicht voneinander getrennt. Das Wohlergehen des Volkes hing von seinem Verhältnis zu den Göttern ab. Bauernhöfe, Felder et cetera wurden unter den „Schutz" und „Segen" bestimmter Gottheiten gestellt. Wirkliches Heil hatte nur der, der den Göttern opferte. Orakelbefragungen, Wahrsagerei, Lesen der Zukunft aus dem Flug der Vögel, dem Grunzen des Ebers, dem Wiehern des Pferdes, dem Blute der Opfertiere oder dem Rauch des Herdes waren weit verbreitet. Geopfert wurden Tiere aller Art, als edelste Opfertiere galten Pferde und Ochsen.

Alemannisches Ehepaar, Michael Steiger

Opferung eines Pferdes in Roßhaupten, Andreas Sammet, Verlag für Heimatpflege Kempten

Eine besondere Allgäuer Pferdeopferstätte, zu der auch Magnus später kommen sollte, war einigen Überlieferungen nach der Ostallgäuer Ort Roßhaupten.

Einen guten Eindruck von den rauen Sitten und Wertevorstellungen der Alemannen erhalten wir durch einen Blick in die alemannische Gesetzgebung des frühen 7. Jahrhunderts, in der zum Beispiel folgende Anweisungen zu finden sind: „Wer jemandem einen Daumen abschlägt, muss zwölf Schillinge bezahlen, der zweite Finger kostet zehn Schillinge und der dritte sechs. Ein gewöhnlicher Schädelbruch kostet 3 Schilling. Wird ein Stück Schädel herausgeschlagen, kostet es 6 Schillinge. Es muss aber ein ordentliches Knochenstück sein; wenn man es aus sieben Metern Entfernung auf einen Schild wirft, muss der Schild ertönen. Ertönt er nicht, dann handelt es sich nur um einen einfachen Schädelbruch, der lediglich drei Schillinge kostet." Zum Vergleich: Für sechs Schillinge konnte man zu jener Zeit eine Kuh oder neun Schweine kaufen. Wer einem freien Mann gegen dessen Willen die Kopfhaare schor, musste zwölf Schillinge bezahlen, also doppelt so viel wie für einen Schädelbruch mit einem größeren Knochensplitter.

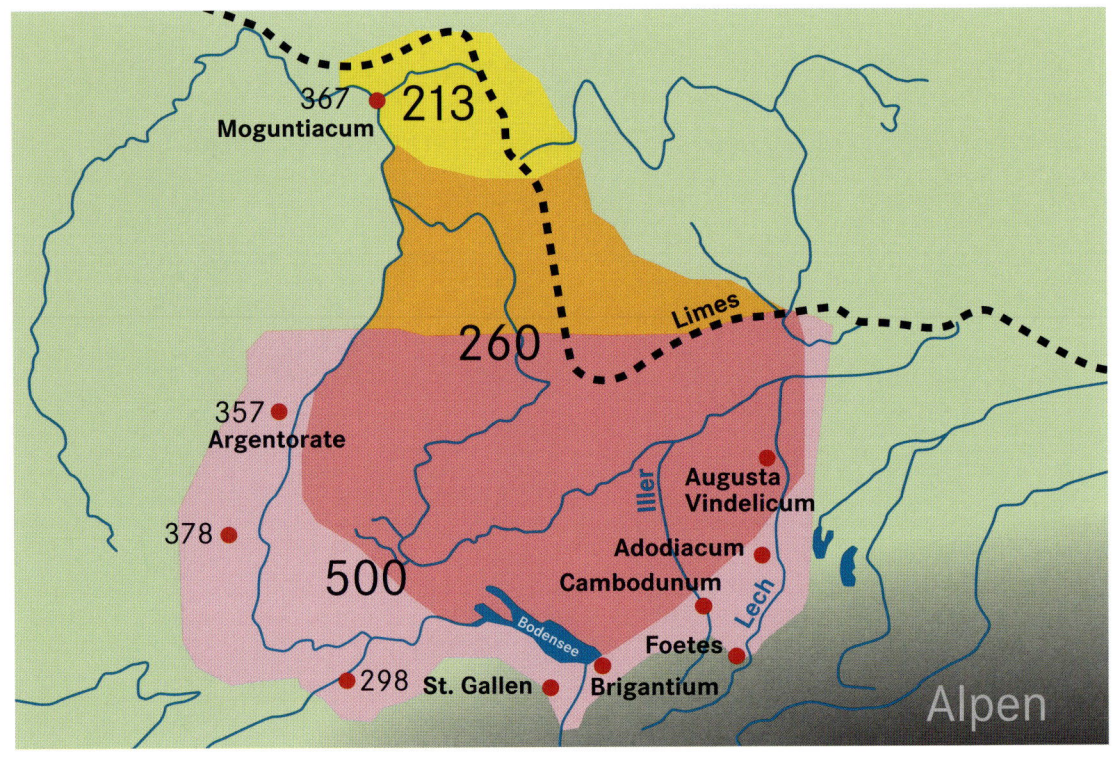

Die Ausbreitung der Alemannen von 213 bis um das Jahr 500

Die Franken (ab 496 n. Chr.)

Da Rom zu Beginn des 5. Jahrhunderts seine Provinzen nördlich der Alpen aufgeben musste, dehnten die Alemannen ihr Siedlungsgebiet nach Nordwesten hin aus. Im 5. Jahrhundert entstand so das Herrschaftsgebiet der westgermanischen Stammesverbände, das Königreich Alemannien, das in das Gebiet der Franken zu expandieren begann. Dies führte zu einem Konflikt mit den Franken, die nicht nur keine weitere Expansion der Alemannen hinnehmen, sondern vielmehr ihren eigenen Machtbereich auf deren Kosten ausweiten wollten. Nach mehreren Kämpfen kam es im Jahre 496 zu der tragischen Entscheidungsschlacht zwischen den Alemannen und dem Frankenkönig Chlodwig. Als das Schlachtenglück sich zugunsten der Alemannen wendete, gelobte

Chlodwig, im Falle des Sieges Christ zu werden. Als er siegte, ließ er sich, auch durch politische und familiäre Erwägungen bewegt, taufen.

Diese alemannische Niederlage, die dann auch noch Bekehrungsschlacht genannt wurde, veranlasste die Alemannen, alles Christliche als feindlich und bedrohlich zu empfinden. Die Franken galten nunmehr als Erzfeinde der Alemannen, was diese dazu bewog, sich unter den Schutz des ostgotischen Frankenfeindes Theoderich zu stellen. Die Alemannen und somit auch das Allgäu standen als ohnmächtiges Puffervolk zwischen zwei miteinander rivalisierenden Großmächten: den eher toleranten Ostgoten in Italien und den ihnen verfeindeten und missionseifrigen Fran-

Der Frankenkönig Chlodwig lässt sich nach der Schlacht von Zülpich im Jahre 496 taufen, Michael Steiger

Das Allgäu zwischen den Franken und den Ostgoten im 5.–6. Jahrhundert

Das Allgäu – ein antifränkisches Widerstandsnest

ken. So erlitten die Alemannen das gleiche Schicksal wie 500 Jahre vor ihnen die zwischen Römern und Germanen eingekeilten Kelten. Nach dem Tod Theoderichs mussten die Goten sich aus dem Voralpengebiet zurückziehen und somit die Oberhoheit über die Alemannen an die Franken abtreten. Diese Auseinandersetzungen mit den Franken hatten folgenreiche Auswirkungen auf die alemannischen Gebiete, die sich auch auf die Zeit des Magnus und darüber hinaus deutlich auswirken sollten.

Die Pflicht der alemannischen Herzöge, regelmäßig am fränkischen Hof erscheinen zu müssen und so unwillkürlich mit christlichem Gedankengut in Berührung zu kommen, verfehlte ihre Wirkung nicht. Obwohl der nominelle Übertritt der alemannischen Stämme zum Christentum bereits um das Jahr 560 erfolgt sein dürfte, verstanden sich die Alemannen des Allgäus als antifränkisches Widerstandsnest und wehrten sich heftig gegen die fränkische Christianisierung. Weil sie die Franken hassten, glaubten sie, auch jenen neuen Gott hassen zu müssen, den diese verkündigten. So war die Annahme des christlichen Glaubens gleichbedeutend mit der Unterwerfung unter die fränkische Herrschaft, was den Widerstand der Alemannen gegenüber allem Christlichen provozierte. Dazu kam, dass die Franken, vor allem unter Dagobert im frühen 7. Jahrhundert, eine bisweilen gewaltsame Missionstätigkeit entfalteten. So wurden die Taufe sowie das Bezahlen des Zehnten für die fränkische Kirche als Loyalitätsbeweis gefordert. Wie hart der alemannische Widerstand gewesen sein muss, zeigen die fränkischen Strafexpeditionen unter Pippin und dessen Sohn Karl Martell zwischen 683 und 714, die wahrscheinlich auch Kempten verwüsteten. Die Magnusvita gibt diesbezüglich einen interessanten Hinweis, da sie davon spricht, dass Magnus, als er um die Mitte des 8. Jahrhunderts nach Kempten kam, eine verwüstete („desertum") Stadt vorfand.

Erste Spuren christlichen Wirkens im Allgäu

Welche religiöse Situation fand Magnus vor, als er in das Allgäu kam? Gab es dort schon Christen oder gar Kirchen? Wurde er in ein bereits christliches Umfeld als eine Art Kirchenorganisator berufen, oder bestand seine Aufgabe darin, ein noch heidnisch geprägtes oder ins Heidentum zurückgefallenes Allgäu mit dem Evangelium vertraut zu machen?

Der Tatbestand, dass der römische Kaiser Diokletian 303 n. Chr. eine Christenverfolgung anordnete, die auch in der Provinz Rätien rigoros durchgeführt wurde, verweist auf den zunehmenden Einfluss des Christentums auch in dieser Provinz.

Die schwarze Afra soll, nachdem ihr Vater umgebracht wurde, über Rom den Weg nach Augsburg gefunden haben. Dort soll sie als Prostituierte gelebt haben und durch ein Tischgebet des Bischofs Narzissus, der in ihrem Haus Schutz bei einer Christenverfolgung suchte, zum Glauben an Christus gekommen sein. Da Afra sich als Christin weigerte, dem römischen Kaiserkult zu huldigen, wurde sie im Jahre 304, im Zuge der diokletianischen Verfolgung, mit anderen Christen bei Augs-

burg zum Feuertod verurteilt. Der Überlieferung nach wurde Afra an einen Baum gefesselt, enthauptet und dann – auf einem brennenden Holzstoß stehend – verbrannt.

Als durch das Mailänder Edikt im Jahre 313 den Christen Religionsfreiheit gewährt wurde und Kaiser Theodosius 380 das Christentum zur Staatsreligion im gesamten römischen Reich erklärte, hatte dies auch in der rätischen Provinz und damit für das Allgäu Folgen. Wobei trotz des Verbotes nichtchristlicher Religionen die alten germanischen Kulte weiter gelebt haben dürften. Die Hinweise auf den gläubigen römischen Beam-

Hl. Afra, Hans Burgkmair um 1500, Augsburg Diözesanmuseum

ten Florian, die Märtyrerin Afra von Augsburg, den Missionar Severin von Noricum oder der Regensburger Grabstein von Sarmannina mit christlicher Aufschrift belegen, dass christliches Wirken schon im 4.–5. Jahrhundert im Umfeld des Allgäus vorkam. In den größeren Orten der Provinz Rätien, wie in Augsburg, bestanden christliche Gemeinden. Reisende Kaufleute, Soldaten und Sklaven waren hier die ersten Verkündiger der neuen christlichen Lehre.

Eine Kemptener Chronik aus dem 16. Jahrhundert berichtet, dass im Jahre 316 ein Götzentempel auf der Burghalde in Kempten in eine christliche Kirche umgewandelt worden sei. Diese Annahme einer so frühen christlichen Kirche in Kempten und somit im Herzen des Allgäus wurde jedoch immer wieder als unglaubwürdig abgetan, bis 1941 ein von Ludwig Ohlenroth freigelegter Grundriss eines spätrömischen Gebäudes unterhalb der Burghalde als Rest einer ersten christlichen Kirche aus dem 4. Jahrhundert gedeutet wurde. Neuere Forschungen sehen jedoch andere Möglichkeiten der Interpretation als wahrscheinlicher. Wegen der weitreichenden Zerstörung dieser Ausgrabung wird sich Sicherheit in dieser Frage wohl nicht mehr erreichen lassen. Dazu kommt, dass bloße Grundrissvergleiche nicht weiterhelfen, da über die Baugestalt von Kirchen des 4. Jahrhunderts nördlich der Alpen sehr wenig bekannt ist und damit jeder Raum zu einer christlichen Kirche hätte werden können. Es ist denkbar, dass durch den Abzug der Römer aus dem Allgäu auch christliches Gemeindewirken weitgehend zum Erliegen kam. Die iroschottischen Mönche Columban und Gallus fanden im Jahre 612 in Bregenz eine bereits wieder zu einem heidnischen Götzentempel umgewandelte verfallene christliche Kapelle vor, in der germanischen Gottheiten geopfert wurde. Der iroschottische Mönch Gallus soll zu Beginn des 7. Jahrhunderts auch in das westliche Allgäu vorgedrungen sein. In Maria-

Thann, dem heutigen Hergatz im Landkreis Lindau am Bodensee, soll er den Heiden Gog, dessen Ehefrau Ada und deren zehnjährigen Sohn Merat getauft haben. Merat soll später der erste Pfarrer in der von seinen Eltern zu Maria-Thann erbauten christlichen Kirche gewesen sein. Diese Angaben weisen auf ein – wenn auch bescheidenes – christliches Wirken im Allgäu vor der Zeit des Magnus hin.

Columban und Gallus auf der Überfahrt nach Bregenz im Jahre 610, Cuonrad Sailer, um 1455
St. Gallen, Stiftsbibliothek Cod. Sang. 602

Neueste Erkenntnisse sprechen dafür, dass zu der Zeit, als Magnus in das Allgäu kam, er auch kleinere christliche Gruppen dort antraf. Eine kleine christliche Gemeinde hat wohl auch nach der Eroberung durch die Alemannen fortbestanden und das, obwohl die ursprünglichen Träger des Christentums, die Römer, abgezogen waren. So könnte neben Augsburg auch im Allgäu mit einer aus der Römerzeit stammenden Christengemeinde zu rechnen gewesen sein, deren Fortbestand bis zur Zeit des Magnus gegeben war. Welche Überraschungen auf diesem Gebiet noch möglich sind, zeigte unlängst die Ausgrabung des Friedhofs neben der St.-Mang-Kirche in Kempten (2008 – 2010). Die ältesten datierten Gebeine stammen aus der 2. Hälfte des 7. Jahrhunderts. Ebenso aufschlussreich ist ein aus Ebenhofen (20 km nordöstlich von Kempten) stammender und ins 7. Jahrhundert zu datierender Fund einer Riemenzunge (Metallverstärkung für das Ende eines Gürtels) mit dem Zitat eines alttestamentarischen Psalmwortes („Gott, merke auf zu meinem Schutz", Psalm 70,2).

Es ist jedoch auch davon auszugehen, dass die fränkische Mission im Allgäu erheblich weniger Einfluss und Auswirkungen hatte, als es später von Seiten der Franken behauptet wurde. Die Quellen der alemannischen Missionierungsgeschichten sind in ihrer Betonung des Erfolges oft fränkisch getrübt. Das Sprichwort „Wer siegt, hat Recht und legt die Geschichte für sich aus" bewahrheitet sich auch hier. Die Erfolge der Missionsbemühungen der Franken mit ihrer intensiven, aber nicht sehr geschätzten Kirchenpolitik waren im Allgäu eher gering. Der fränkischen Kirche fehlte es unter den Alemannen des Allgäus an überzeugender und echter Missionskraft. Das Allgäu wird in vielen Bereichen noch stark von einem alemannisch geprägten Heidentum beeinflusst gewesen sein. Nicht von ungefähr bat der für das Allgäu zuständige Augsburger Bischof im 8. Jahrhundert das Kloster St. Gallen für die Missionierung des Allgäus um Hilfe.

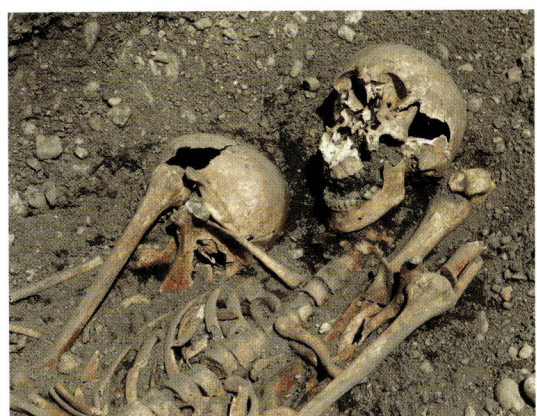

Gebeine, die bei Ausgrabungen des Friedhofs neben der St.-Mang-Kirche in Kempten gefunden wurden und teilweise noch vor die Zeit des Magnus datiert werden konnten

Aus all dem ergibt sich:

- Die Bewohner des Allgäus standen wie ein Puffervolk über Jahrhunderte zwischen rivalisierenden Machtblöcken: zuerst die Kelten zwischen den Römern und den Germanen und dann die Alemannen zwischen den Goten und den Franken.

- Die Alemannen und somit die Kernbevölkerung des Allgäus verhielten sich gegenüber den ihnen verhassten Franken mit ihrer christlichen Mission sehr abweisend.

- Christliche Spuren führen seit dem frühen 4. Jahrhundert in das Allgäu, wobei mit einer christlichen Kontinuität und Wirkung wie in Augsburg und einer tiefgreifenderen Verchristlichung im Allgäu zur Zeit des Magnus kaum zu rechnen ist.

So lagen die Dinge, als ein iroschottischer Mönch aus St. Gallen zur Mitte des 8. Jahrhunderts in das Gebiet zwischen Iller und Lech kam und später als der „Apostel des Allgäus" in die Geschichte einging.

2

Magnus und die iroschottische Mönchsbewegung

Die drei „Allgäuheiligen": St. Gallus, St. Columban
und St. Magnus (von links) mit ihren Attributen Bär,
Sonnensymbol und Drache. Skulptur in Bronze vom
Aachener Bildhauer Bonifatius Stirnberg vor der im
Jahre 2000 errichteten Galluskapelle, Autobahn
A 96 Rastplatz Winterberg, bei Leutkirch im Allgäu.

Was aber wissen wir von Magnus selbst? Woher kommt er, und was hat ihn geprägt? Aus den alten Handschriften erfahren wir über sein Wesen und seinen Charakter nur wenig. In der Magnusvita wird er als Ire vorgestellt, der aus dem iroschottischen Kloster St. Gallen in das Allgäu reiste. Auf die Frage seiner iroschottischen Prägung oder gar Abstammung wird später eingegangen werden. Es sei vorweggenommen, dass Magnus in jedem Fall stark von der iroschottischen Mönchsbewegung beeinflusst war. Zurecht gilt er neben den iroschottischen Mönchen Columban und Gallus als einer der drei Allgäuheiligen. Wer waren diese iroschottischen Mönche wie Columban und Gallus, die als die geistlichen Väter des Magnus gelten?

Entstehung und Bedeutung der iroschottischen Mönchsbewegung

Die iroschottische Mönchsbewegung gehört im ersten Jahrtausend zu den faszinierendsten und einflussreichsten Bewegungen der Kirchengeschichte. Berühmt geworden ist die Geschichte von zwei Iren, die, um 884 an der Küste Frankreichs angekommen, Weisheit verkauften. Als ihr Ruf auch Karl dem Großen zu Ohren gelangte, berief er sie zur Lehre in seine Palastschule als Weisheitsverkäufer. Irische Gelehrte wie Dungal oder Thomas Scotus bereicherten den Kaiserhof nicht nur mit neuen, wichtigen Kenntnissen und antiken Autoren wie Vergil, Cicero und Horaz, sondern sie dienten auch als Geografen, Astronomen und Übersetzer. Hunderte iroschottischer Mönche zogen auf das europäische Festland, um dort das Evangelium zu verkünden und Wissen aller Art zu lehren. Im Jahre 870 schrieb Heinrich von Auxerre: „Beinahe ganz Irland, in Verachtung der See, zieht an unsere Küste mit einer Herde von Philosophen." Zur Zeit des 10. Jahrhunderts bildeten die iroschottischen Mönche über 2000 Adlige des europäischen Festlandes in ihren Klöstern in Irland aus. Auch die Braukunst dürfte von

den Iren auf das europäische Festland gekommen sein, die so den Grundstein für die späteren berühmten Klosterbrauereien legten. Vom 6. bis 10. Jahrhundert waren diese Mönche eine der treibenden Wissens- und Bildungskräfte Europas. Der Autor Thomas Cahill schrieb einen Bestseller mit dem Titel: „Wie die Iren die Zivilisation retteten." Er legt darin dar, wie die irische Mönchsbewegung dazu beitrug, den kulturellen Zerfall in Europa aufzuhalten, und wie sie dabei ihre einzigartige Prägung hinterließ. Wie kam es zu einer solch einflussreichen iroschottischen Mönchsbewegung?

Gefördert durch die geografische Abgeschiedenheit zogen die Wirren der Völkerwanderung an Irland und Schottland vorbei. Die Verschonung vor Zerstörung und Kriegen ermöglichte in Irland und Schottland ein monastisch geprägtes Kirchenwesen mit einem einzigartigen Bildungsreservoir. Die größten Klöster hatten zum Teil mehrere tausend Mönche und wuchsen zu einflussreichen Zentren geistiger und kultureller Bildung heran. Dabei handelte es sich ausschließlich um Männerklöster, wobei die iroschottischen Mönche bis in das 11. Jahrhundert hinein heiraten und Familien haben konnten. Lesen, Schreiben und Studieren waren ihre Leidenschaft. Sie besaßen eine hohe Schreibkultur, in der zum Beispiel Abschriften und Übersetzungen der Bibel eifrig gepflegt wurden. So entwickelten sich ab dem 6./7. Jahrhundert ihre Klöster als blühende Stätten der Gelehrsamkeit mit reichen Bibliotheken und profundem Wissen. Es entstand ein Kirchentum ganz eigenen Gepräges, das von Anfang an nicht in engerer Beziehung zur Kirche des Festlandes stand. Ihre Klöster siedelten oft inmitten der Dörfer. Was die iroschottischen Klöster an Bildung, Agrarwissen oder medizinischem Know-how besaßen, blieb nicht innerhalb der Klostermauern, sondern zirkulierte zum Segen aller mitten in das dörfliche Leben hinein.

Die große optische Ähnlichkeit zwischen Druiden (links) und iroschottischen Mönchen (rechts) wurde hier bildlich dargestellt, darf aber nicht im Sinne einer geistlich-inhaltlichen Übereinstimmung gesehen werden. Michael Steiger

Die Druiden, die in Irland als der geistige Angelpunkt der Gesellschaft galten, wurden ab dem 5. Jahrhundert größtenteils Christen und prägten das iroschottische Mönchtum wesentlich mit. Alte irische Legenden berichten, dass Druiden das Geschehen von Golgatha, die Kreuzigung, gesehen und dessen heilsgeschichtliche Bedeutung erkannt hätten. So traten die iroschottischen Mönche im gewissen Sinne in die Fußstapfen der Druiden und übernahmen fließend und scheinbar mühelos die zentrale gesellschaftliche Rolle, die bis dahin die Druiden innehatten. Als Lehrer, Richter und Gesellschaftsreformer hatten die iro-

schottischen Mönche einen beträchtlichen Einfluss und veränderten so Zug um Zug das Wertesystem und die soziale Struktur Irlands. Die Mentalität der irischen Mönche mit ihrer Ehrfurcht vor der Natur und die Liebe zu ihr sowie deren optisches Erscheinungsbild weisen noch auf die einst druidische Prägung hin. Wobei die iroschottischen Mönche in keinster Weise mehr Druiden, sondern dem Evangelium verpflichtete Nachfolger Jesu Christi waren. Auch zum Glauben an Christus gekommene Menschen kleideten sich, sofern es nicht völlig dem Wesen Christi widersprach, weiterhin im Rahmen ihrer kulturellen Prägung.

Die Kraft der Frömmigkeit
iroschottischer Mönche

Die Frömmigkeit iroschottischer Mönche ist das Gegenteil dessen, was man als lau oder oberflächlich bezeichnen könnte. Strenge Askese war eine unbedingte Voraussetzung geistlichen Lebens. Durch sie werde der Kanal der Gnade und der Kraft Gottes frei, glaubten sie. Denn nur durch die Askese wie zum Beispiel strenges Fasten, lange Nachtwachen, stundenlanges Stehen im kalten Wasser konnte die sündhafte fleischliche Natur bezwungen werden. Durch die Askese erwarben sich die iroschottischen Mönche himmlische Vollmacht (Virtus), die sie kraftvoll für die Verbreitung des Evangeliums einsetzten. Da aus Mangel an Verfolgung ein sogenanntes Rotes Martyrium – der Tod um Christi willen – nicht möglich war, entwickelten die Mönche die Idee des Grünen Martyriums: durch Fasten und Arbeiten vom eigenen Verlangen frei zu werden. Außerdem gab es das Weiße Martyrium, bei dem es darum ging, die Heimat um Christi willen so weit wie möglich zu verlassen. Wer in das Weiße Martyrium ging, wurde ein Peregrinus, das heißt ein Pilger um Jesu willen. Dieser Begriff der Peregrinatio (Leben in der Fremde) wurde zum Synonym und wesentlichen Merkmal der iroschottischen Wandermönche des Frühmittelalters. Worin lag die tiefere Bedeutung dieser Peregrinatio?

Die iroschottischen Mönche reisten in möglichst weit entfernte Länder, um so ihre Hingabe an Christus zu vertiefen. Je weiter, desto besser. Die höchste Stufe geistlicher Schulung kam durch das Verlassen der Heimat um Christi willen zum Ausdruck. Damit wurde die Heimatlosigkeit auf Erden aus Liebe zu Christus unterstrichen. Die Tatsache, dass nach dem altirischen Stammesrecht Schwerverbrecher von der Insel verstoßen wurden, macht die Tragweite dieser Lebensform bewusst, wenn nun irische Mönche freiwillig, nicht aus Überdruss an der Heimat, sondern für Christus ins Exil gingen und nie wieder auf die

Iroschottische Mönche als Pilger auf Erden, Michael Steiger

heimatliche Insel zurückkehrten. Peregrinatio war Verbannung aus den heimischen Gefilden um Christi willen. Mit dem Segen des Abtes verließen die Mönche mindestens zu zweit ihre Heimat und siedelten sich an unwirtlichen Stellen und in weit entfernten Gebieten fremder Länder an. Sie pilgerten kreuz und quer von Irland bis Jerusalem und von Spanien bis nach Kiew.

In der Magnusvita werden die beiden berühmt gewordenen iroschottischen Mönche aus dem 7. Jahrhundert, Columban und Gallus, mit der Berufung peregrinandi causa, das heißt um zu pilgern beschrieben. Columban formuliert in seinen Instructiones an die Mönche: „Lasst uns also in die Heimat zurückkehren, die wir unterwegs sind; denn unser ganzes Leben ist wie die Reise eines einzigen Tages. Wir haben keine Heimat auf

Erden, denn unser Vater ist im Himmel. Auf dass wir zügig die Welt durcheilen und von oben gelenkt das Zeitliche geringschätzen und immer im Gedanken an das Himmlische das Irdische verachten." Die Peregrinatio greift einen biblischen Grundgedanken der Nachfolge Christi auf: auf Erden Gäste, Pilger und Fremdlinge ohne bleibenden Ort zu sein.

So liegt der Peregrinatio die Überzeugung zugrunde, peregrini, das heißt Fremdlinge in der Welt zu sein. Das ganze Leben ist ein Unterwegssein zum Himmel. Auch wenn die geistliche Vervollkommnung bei der Peregrinatio im Vordergrund stand, hatte ihre missionarische Wirkung für das europäische Festland oder auch, wie in unserem Fall, für das Allgäu weitreichende Folgen. Die Mönche zogen umher, um das Wort Gottes zu verkündigen und Gott dadurch zu dienen. Diese iroschottische Peregrinatio macht verständlich, warum ausgerechnet iroschottische Mönche wie Columban und Gallus im 7. Jahrhundert in den Bodenseeraum gelangten. Magnus selbst war ein Peregrinus und sein Leben war eine einzige Peregrinatio.

Die Mönchsregel des Columban gilt als die härteste Mönchsregel der Kirchengeschichte. Sie beginnt mit dem ersten Gebot des Dekalogs: „Du sollst deinen Herrn und Gott lieben von ganzem Herzen." Danach folgt eine Fülle von Regeln und Anweisungen. Alle drei Stunden, bei Tag und Nacht, sangen die Mönche ihren gemeinsamen Chorgesang. Um neun Uhr abends wurde die erste Nachtwache gesungen, um Mitternacht die zweite und um drei Uhr morgens die dritte. Jede Woche waren 582 Psalmen zu singen, pro Tag 83. Zwischen den Gesängen wurden Lesungen vorgetragen. Außerdem mussten die Mönche neben dem Studium und dem Abschreiben von Büchern die täglichen Arbeiten im Haus und auf den Feldern verrichten. Dabei gab es pro Tag nur eine Mahlzeit, und zwar abends. Fleisch war streng untersagt, Fisch jedoch erlaubt und geschätzt.

Die Anweisung zur Verleugnung alles Irdischen nannte Columban in seiner Mönchsregel die Mortificatio. Bei der Mortificatio soll vor allem der eigene Wille durch eiserne Disziplin und Askese abgetötet werden oder, psychologisch ausgedrückt, das Ego, das die individuelle Seele von Gott trennt. Dies hatte eine strenge Bußpraxis zur Folge. Sünde galt als Symptom einer Krankheit, die den von Gott entfremdeten Grundzustand des Menschen beschreibt. Buße wurde also nicht als Wiedergutmachung, sondern als Therapie zur Genesung einer Gott entfremdeten Seele verstanden. Eine Vielzahl von Sünden erforderte daher eine Vielzahl von Therapien in Form der Buße. Wer zum Beispiel zu viel redete, wurde mit Schweigen bestraft, wer zu viel aß, mit Fasten, der Schläfrige mit Wachen und der Stolze mit Gefängnis.

So ist aus dem Bußbuch des Columban zu entnehmen: „Wer am Beginn eines Psalmes hustet und nicht gut singt, werde mit sechs Schlägen bestraft; wer beim Opfer nicht die Ordnung einhält, mit sechs Schlägen; wer beim Chorgebet lächelt, mit sechs Schlägen." Die Buße konnte auf unterschiedliche Weise vollzogen werden, musste aber eine Art Abbüßen der begangenen Schuld erwirken, damit die gestörte heilige Ordnung zwischen Mensch und Gott wiederhergestellt wurde. Das Bewusstsein eines labilen Gleichgewichts in der gesamten Schöpfung sowie die Notwendigkeit eines geistigen Bemühens um deren Beständigkeit durchzogen das Denken dieser Mönchsbewegung.

Das folgende Gebet Columbans bringt die tiefe Frömmigkeit zum Ausdruck, die ihn, aber auch die gesamte iroschottische Mönchsbewegung prägte.

Die Beziehung zur kirchlichen Führung

Die Beziehung der iroschottischen Mönche zur katholischen Kirche gestaltete sich, nicht zuletzt aufgrund des starken eigenen geistlichen Profils, gezielt eigenständig. So griff Columban scharf die fränkischen Bischöfe an, die seiner Meinung nach ein verkommenes und kraftloses, weltlich geprägtes Christenleben führten und selbst dringend der Buße bedurften. Es fehle der fränkischen Kirche an echter Buße und an Kraft der Frömmigkeit. Columban sah die fränkische Kirche seiner Zeit als kümmerliches Überbleibsel eines ursprünglichen und echten Christentums. Bestürzt über die herrschenden Zustände, wurde auch die für ihn verweltlichte fränkische Kirche zu seinem Missionsfeld. Columban und Gallus sahen die fränkischen Geistlichen ihrer Zeit als vollmachtslose Priester an. In der Gallusvita wird berichtet, dass zwei fränkische Bischöfe gegen die dämonisch belastete Tochter des Alemannenherzogs Gunzo nichts auszurichten vermochten und von den Dämonen nur verspottet wurden, während Gallus die Tochter mühelos von den dämonischen Mächten befreite.

Columban fiel auch der oberflächliche Glaube der Bevölkerung auf, ein Glaube ohne inneres Nachvollziehen und eigene Überzeugung. So wurden zum Beispiel bestimmte alemannische Gottheiten einfach durch Christus oder die Apostel ersetzt, ohne die damit verbundene heidnische Denkweise zu verändern. Statt Wuotan und Donar wurden Christus und Petrus eingesetzt. Petrus gilt daher bis heute noch als Wetterheiliger. Mit der Wahrung des äußeren Scheins, durch Taufe und oberflächlicher Übereinstimmung mit der Kirche ohne eine auf Läuterung des Herzens ausgerichtete Nachfolge Christi konnte Columban nichts anfangen.

All dies macht deutlich, dass sowohl Columban als auch Gallus sich der ihnen als geistlich kraftlos erscheinenden fränkischen Kirche nicht ein-

Obwohl die columbanische Mönchsregel dem Mönchstum wesentliche Impulse gab und auf der fränkischen Synode von Macon im Jahre 627 anerkannt wurde, setzte sich im 8. und 9. Jahrhundert zunehmend auch in den von Columban oder anderen iroschottischen Mönchen gegründeten Klöstern die erheblich mildere Klosterregel des Benedikt von Nursia durch. Die Mönchsregel des Columban galt zunächst auch in den von Magnus gegründeten Zellen und Klöstern in Kempten und Füssen und wurde gegen Mitte bis Ende des 8. Jahrhunderts durch die leichtere Benediktinerregel ersetzt. Wenn Magnus ein iroschottischer Mönch war, wusste er sich auch der Regel seines Mönchsordens verpflichtet. Dann ist auch davon auszugehen, dass er in Anlehnung an die oben beschriebenen Regeln lebte, als er in das Allgäu kam.

fach unterordneten, sondern ihr eigenes geistliches Profil setzten. So unterstellten sie auch die von ihnen gegründeten Zellen und Klöster eigenen und nicht heimischen Bischöfen. Unter den iroschottischen Mönchen wurde rigider Gehorsam gegenüber dem vorgesetzten Bruder oder Abt verordnet. Sich jedoch einer übergeordneten Institution wie der katholischen Kirche zu fügen, wurde ebenso strikt abgelehnt. Damit war die Hierarchie der iroschottischen Mönche dezentral und nicht wie bei der katholischen Kirche zentral auf Rom hin ausgerichtet.

Die Beziehung zur politischen Herrschaft

Nach der Weltanschauung iroschottischer Mönche standen das ethische Verhalten und der Glaube der Obrigkeit in einem direkten Zusammenhang mit Segen oder Fluch der jeweiligen Region. Daher legten die iroschottischen Mönche Wert auf eine gute Beziehung zur Obrigkeit und entwickelten ein dichtes Netzwerk innerhalb des Adels. Der Adel war die „logische Anlaufstelle" zur Verbreitung des Evangeliums. Des Weiteren war den iroschottischen Mönchen bewusst, dass Wachstum und Gedeihen ihrer Klöster unabhängig vom Adel nicht möglich war. Der militärische Schutz eines lokalen Fürsten, zum Beispiel vor Plünderungen durch andere Fürstenhäuser oder feindliche Klöster, war unverzichtbar. Im Gegenzug erhielten die Fürsten die Ausbildung für ihre Kinder und den geschätzten beschützenden Segen Gottes. Die irischen Mönche waren daher schon aus Überlebensgründen darauf bedacht, Netzwerke mit befreundeten Klöstern und Fürsten aufzubauen. Die irische Prägung erlaubte keine Berührungsängste mit den politischen Machthabern ihrer Zeit. Für Columban war es deshalb selbstverständlich, mit Fürsten des europäischen Festlandes in Verbindung zu treten, um so die Verbreitung des Evangeliums zu fördern und seine Klöster zu schützen. Er erwies sich als

Mönch, der mit großer Selbstsicherheit in den Zirkeln der Macht auftrat und Einfluss ausübte. Das Kreuz der Rettung und Versöhnung durfte auch vor der politischen Obrigkeit keinen Halt machen. So sollte das Kreuz nicht nur auf und in den Kirchen, sondern auch auf den Marktplätzen und in den Herrschaftshäusern aufgerichtet werden. Jesus Christus hing nicht am Kreuz in einer Kathedrale zwischen zwei Kerzen, sondern er wurde öffentlich zwischen zwei Verbrechern gekreuzigt. Das Kreuz musste im wahrsten Sinne des Wortes in die Welt getragen werden.

Das berühmte Kildalton Cross (um 800) auf der schottischen Insel Iona, ein typisches irisch-keltisches Kreuz.
Die sogenannten Hochkreuze wurden meist aus Stein angefertigt und symbolisierten in ihrer senkrechten Achse die geistige Verbindung zur himmlischen Welt und in der Waagerechten die Verbindung zur irdisch-materiellen Welt.
Der Kreis verband beide Welten miteinander. So wurde das Kreuz zum ganzheitlichen „Kreuz des Lebens", dass das Seelisch-Irdische mit dem Geistlich-Himmlischen durchdrang.

Die Zellen – das Herzstück iroschottischer Mission

Die Art und Weise, wie die iroschottischen Missionare oder später auch Magnus im Allgäu in ihrer Mission vorgingen, hängt mit ihrer geschichtlichen Prägung zusammen. Während Patrick, der das Evangelium im 5. Jahrhundert nach Irland brachte, noch Priester nach dem im späten Römischen Reich üblichen Modell der Diözesen einsetzte, passten die Iren sehr schnell die Kirchenstrukturen ihren gesellschaftlichen Verhältnissen an. In dem dünn besiedelten Irland gab es Hunderte von Königreichen verschiedener Größen von circa 500 bis 12.000 Personen, die, von ihrer Größe her gesehen, eher Stammesfürstentümer waren. Für diese kleinen Besitzungen waren verbindliche Gemeinschaft, gegenseitige Verantwortlichkeit und gute Beziehungen zu anderen Stämmen tragende Säulen, die das Überleben gewährleisteten.

Um unter den damals harten Bedingungen leben zu können, war der Einzelne auf die Unterstützung seiner Fürstengruppe angewiesen. Geistiges Streben war nach irischer Mönchsauffassung immer auch ein Dienst an der Gemeinschaft, am Stamm und am Volk. Die Sicherheit kam aus der Gemeinschaft, die den Einzelnen unterstützte, etwa bei Krankheit oder dem Aufbringen des Brautpreises. Die Ordnung des Miteinanders basierte weniger auf Gesetzen als vielmehr auf der gegenseitigen Verantwortung und Haftung für Mitglieder des eigenen Stammes. Diese Stammeskultur einer so engen und zuverlässigen Gemeinschaft war fest im „genetischen Code" der Iren verwurzelt und spiegelte sich in der Art und Weise der iroschottischen Kloster- und Missionszellen wider.

Die von den iroschottischen Mönchen errichteten Missionsposten, aus denen heraus sie in ihrem Umfeld agierten, nannten sie Zellen. Diese Zellen bestanden zunächst aus schlichten Holzhütten, die von den Mönchen eigenhändig errichtet wurden. Die Mönche siedelten sich so in kreisförmig angeordneten Häusern rund um eine zentral gelegene kleine Kirche mit Glocke an. Mit einem gemeinsamen Schlafsaal konnten sie sich nicht anfreunden, und so bauten sie kleine Schlafzellen, in denen meist zwei Personen lebten. Neben den kleinen Hütten wurden auch geräumigere Hütten errichtet, in denen sich der Essraum, die Vorräte oder die Werkstatt befanden. Größere Zellen wurden mit einer ringförmigen Mauer umgeben, an deren Außenseite in den vier Himmelsrichtungen ein jeweils einem Evangelisten gewidmetes Hochkreuz stand. Die ganze Zellsiedlung stellte eine autonome und für sich selbst agierende Wirtschaftsgemeinschaft dar. Eindrücklich unterstreicht die Art der architektonischen Anordnung den Inhalt der christlichen Botschaft. Die Wiederherstellung der Beziehung des Menschen zu Gott sollte durch die optische Anordnung der Zellen zum Ausdruck kommen. So stand die Kirche inmitten der Zellsiedlung als Sinnbild für Christus, dessen erlösende Tat sich auf die gesamte Welt (Zelle) erstreckt.

Bei den größeren Zellen errichteten die Iroschotten etwas entfernt von der Zelle einen Turm mit Glocke, die sie zu den Gebetszeiten und Gottesdiensten läuteten. Die Mönche führten in den alemannischen Gebieten die in diesem Zusammenhang bis dahin unbekannten Glocken ein. Der ungewohnte Klang wird bei der Bevölkerung auf große Aufmerksamkeit gestoßen sein. Zu jeder Zelle gehörte eine solche Glocke. Daher dürfte Magnus bei dem Auftrag zur Zellgründung auch mit einer solchen Glocke beziehungsweise Handschelle in das Allgäu gekommen sein.

Iroschottische Zellsiedlung mit keltischem Kreuz, Michael Steiger

Eine aus der Zeit des Magnus (8. Jahrhundert) stammende geschmiedete Eisenblechglocke des Ramsachkircherls St. Georg bei Murnau. Entstehungsort der Glocke ist das west-schottische Inselkloster Iona, das als ein zentraler Ausgangspunkt iroschottischer Wandermönche galt. Der Fundort der Eisenblechglocke in Murnau liegt nur circa 50 km von Füssen entfernt und ist ein weiterer Hinweis auf iroschottische Missionsaktivität in Südbayern zur Zeit des Magnus. Seit der Mitte des 8. Jahrhunderts stand bei Murnau eine kleine Missionszelle, die zum Kloster St.-Mang in Füssen gehörte.

Die große Stärke der irischen Zellen lag in der für ihr Umfeld gesellschaftsrelevanten Kraft. Mit ihrer seelsorgerlichen Tätigkeit, ihrem landwirtschaftlichen Know-how, ihrer Bildung in Medizin, Hygiene, Lesen und Schreiben deckten sie ganz konkrete Bedürfnisse der Bevölkerung ab. Durch ihr authentisches Vorbild und den konkreten praktischen Nutzen auf dem Land konnten die iroschottischen Mönche die Landbevölkerung für den christlichen Glauben gewinnen. Sie nutzten wirkungsvoll den Raum, der sich ihnen für das Evangelium bot. Um sich ansiedeln und überleben zu können, war eine Kultivierung der Gegend unabdingbar. So musste das Land urbar gemacht, Wälder gerodet, Gebäude errichtet, Werkstätten eingerichtet, ein Viehbestand aufgebaut, Bäche aufgestaut und Wege gebaut werden. Sechsmal am Tag versammelten sich die Mönche zum gemeinsamen Gebet; die übrige Zeit waren sie mit Lehrtätigkeit, körperlicher Arbeit, Schreibarbeiten und Studium beschäftigt. Wo die iroschottischen Mönche sich niederließen, fingen sie an, um ihre Zellen herum eine christliche Kultur von biblischer Unterweisung, Ausbildung, Ackerbau und Viehzucht et cetera zu etablieren. Im Lauf der Jahre siedelten sich Einheimische um diese Ausbildungs- und geistlichen Lebensstätten herum an. Während die Alemannen vor der fränkischen Missionsmethodik einer Predigtverordnung von oben flohen, wurde hier mitten im Leben ganzheitliche Alltagshilfe geboten und praktiziert. Die Missionszellen der Iren waren dadurch Keimzellen ganzheitlichen Lebens für ihr näheres Umfeld. Hier wirkte urchristliche Glut.

Die Leitung einer Zelle lag in der Hand des ernannten Abtes, der ohne päpstlichen Einfluss oder externe Bestimmungen das Leben und die Ausrichtung der jeweiligen Zelle formte und prägte. Beginnend mit Bonifatius ab etwa 750 wurde das iroschottische Missionsmodell der Zellen von der katholischen Struktur Zug um Zug einverleibt und schließlich in seiner ursprünglichen Dynamik beendet. Die dezentrale und an die gesellschaftliche Situation anpassungsfähige Lebenskultur der irischen Zellen wurde durch eine zentralistische, vom Volk abgekoppelte Liturgie in lateinischer Sprache ersetzt.

Das sich in den Zellen widerspiegelnde Gemeinschaftsbewusstsein kam auch durch die Art ihres Reisens, ihre Gastfreundschaft und ihren sogenannten Seelenfreund zum Ausdruck. Die iroschottischen Mönche reisten stets in Gruppen. Sie waren mindestens zwei oder drei, denen sich des Öfteren zum Glauben gekommene Kelten und Alemannen anschlossen. Ihre Gastfreundschaft hatte einen hohen Stellenwert und erlaubte sogar, das sonst streng zu haltende Fasten zu unterbrechen, um mit dem Gast zu essen. Jeder irische Mönch hatte einen sogenannten Anamchara (Seelenfreund), einen, mit dem er seine Zelle teilte und dem er sich ganz öffnete. In einem Rat an einen jungen iroschottischen Mönch, dessen Seelenfreund gestorben war, heißt es: „Jemand ohne einen Seelenfreund ist ein Körper ohne einen Kopf. Iss nicht, bevor Du einen Seelenfreund gefunden hast." Auch Magnus reiste mit Theodor nach Kempten und lebte über 25 Jahre in Füssen in unmittelbarer Nähe zu seinem Gefährten Tozzo, der durchaus sein Seelenfreund gewesen sein könnte.

Die Anzahl der auf dem europäischen Festland von den iroschottischen Mönchen gegründeten Zellen des 7.–9. Jahrhunderts wird auf über 200 geschätzt. Ab dem 7. Jahrhundert entstanden auch eine ganze Anzahl irischer Zellen in den alemannischen Gebieten. Aus einigen dieser Zellen entwickelten sich größere Klöster, so beispielsweise in St. Gallen. Magnus ist mit seinen Zellgründungen im Allgäu vor dem Hintergrund dieser iroschottischen Zellenbewegung zu verstehen.

Das außergewöhnliche Erscheinungsbild iroschottischer Mönche

Zunächst sei angemerkt, dass der größte Teil der Darstellungen iroschottischer Mönche wie Columban, Gallus oder Magnus historisch unhaltbar ist. Sie werden fälschlicherweise meist als Benediktinermönche mit entsprechendem Gewand und Tonsur (Frisur) dargestellt, was nicht verwundert, da die meisten Gemälde und Skulpturen aus den späteren Kreisen der Benediktinerorden kamen. Während bei den Iroschotten ein kahl geschorenes Vorderhaupt üblich war, die sogenannte „Tonsur des Apostels Paulus", trugen die abendländischen Mönche wie die Benediktiner die sogenannte „Tonsur des Apostels Petrus", eine kahlgeschorene kreisförmige Platte auf dem Scheitel. Erst durch Bonifatius, der die Benediktinerregel zur allgemein gültigen Mönchsregel erhob, wurden die iroschottischen Klöster gegen Mitte bis Ende des 8. Jahrhunderts benediktinisch, also nach der Zeit von Columban, Gallus und Magnus. Die tatsächliche Gegebenheit, wie sich die iroschottischen Mönche gegenüber Bonifatius und der katholischen Kirche verhielten, schließt die Annahme einer benediktinischen Kleider- und Haarordnung bis zur Mitte des 8. Jahrhunderts faktisch aus.

So wie Magnus meist dargestellt wird, wäre er wohl kaum bei den rau gesotteten Alemannen seines Jahrhunderts angekommen. Vielmehr wird berichtet, dass die iroschottischen Mönche in ihrer seltsamen Bekleidung und Haartracht einen tiefen und mancherorts auch furchterregenden Eindruck hinterließen. Wohin sie auch kamen, waren sie leicht zu erkennen: Sie schoren ihr Haar mit der Tonsur zur Stirnseite hin von Ohr zu Ohr, wobei alle übrigen Haare des Hinterhauptes in voller Länge erhalten blieben. Ein Vollbart und mit Mennige (rotfarbenes Bleioxid) bemalte Augenränder ergänzten ihr ungewöhnliches Aussehen. So wallte ihr Haar lang den Hinterkopf herab, der vordere Teil des Kopfes war geschoren,

Mögliches Aussehen iroschottischer Mönche, Michael Steiger

ihre Haut tätowiert, in der Hand trugen sie einen langen Stab, an der Seite eine Wasserflasche und einen ledernen Sack, der kirchliche Bücher, Öl und Kreuz enthielt. Die langen weißen Gewänder und ihre beachtlichen Bärte entsprachen ihrer keltisch-druidischen Prägung. In solch absonderlicher Erscheinung wanderten sie in Gruppen durchs Land und verkündigten wirkungsvoll das Evangelium.

Resümee

Neben Columban und Gallus wirkten weitere sehr bekannte iroschottische Mönche während des 6. – 8. Jahrhunderts im süddeutschen Raum, zum Beispiel Fridolin von Säckingen, Kilian von Würzburg oder Emmeram von Regensburg. Magnus reiht sich hier in eine ganze Bewegung iroschottischer Wandermönche ein. Das Wesentliche dieser iroschottischen Mönche bestand in ihrer geistlichen Kraft, der Peregrinatio, nach innen und ihrem zugleich glaubwürdigen Handeln, dem Bau der Zellen, nach außen. Diese Dynamik aus kraftvoller Glaubensverkündigung und glaubhaften Taten erreichte die Herzen der Menschen und durch Magnus auch die Herzen der Menschen des Allgäus.

Statue des St. Columban
vor der Pfarrkirche
St. Kolumban in Bregenz,
eine Kopie der Bronzestatue
von Claude Grange (gegos-
sen 1935), die seit 1948 vor
der Abteikirche von Luxeuil
aufgestellt ist.

Auf der Tafel ist zu lesen:
„Sage den Menschen
Gottes Botschaft, gleich-
gültig, ob es ihnen passt
oder nicht!"

Zu beachten sind die
iroschottische Tonsur
und Kutte.

sant Amator zů im epl bald vnd
kum tzů sant Germano vnd tzů
hanns erwachet er vnd kam tzů
Sant Germano vnd viel im tzů
füssen / vnd bat in mit grosser an=
dacht dz er in den weg der rech ten
warheit leret / Da saget im Sant
Germanus von cristen gelouben
als vil das Sant Mamertinum
sein hertz erleucht ward / da saget
im Sant Mamertinus was er in
der nacht gehört hett / Da kamen
sy beid tzů Sant Concordianus
grab Mamertinus vnd Germa=
nus vnd legtent den steyn herab /
da sahen sy gar vil schlangen die
lenger waren dann zehen schůch /
Da gebot inn Sant Germanus
das sy an eyn stat fluhent da sye
keinem menschē geschaten möch=
ten des warent sye im gehorsam
Darnach tuofft sant Germanus
mamertinum vñ macht in ouch
gesund mit d̓ hilff gots da ward
er ein münch in sant Germanus
closter vñ dienet got mit grossem
fleyß / mit beten / mit vasten / mit
wachen vnd mit vil ander güter
übung / Vnd da der abpt gestarb
da ward er nach im Abpt / vnd
lebet aber hepiglicher vnd selig=
licher dann vor vnd pflag da des
amptes gar mit grossem fleyß /
Darnach ward er siech vnd wolt
sterben da schicket er nach seinen
brüderen allen vnd bat sy das sy
brüderliche trew vnder einander
halten vñ volbringent den gotes
dienst mit eynander got tzů lobe
vnd euwer sel tzů einem hepl vnd
starb da gar seligliche da für sein
sele tzů den ewigen frewden / Da
begrübent in die Brüder inn dem
Closter gar loblichen / Nun helff
vns got dz wir ouch bekert wer=
dent von vnsern sünden vnd das
wir hie also lebent das wir von
got ewiglichen nymer gescheiten
werdent / Das helff vns gott der

vatter vnd got der sun vnd gott
der heylig geyst Amen.

¶ Hie nach sagt es von des heyligen Herren Sant Mangen leben.

Er heylig Herr Sant
Mang was eyn cristen
vnd hett gott lieb vnd
was tzů den zeytten eyn
iunges kind / Da lebet Columba=
nus vnd Gallus die warent gar
zwen heylig mann / die warent in
dem land Vbina / vnd von dem
selbē land was sant Mang ouch
geborē / vñ da er ir grosse heylikeit
sach da gieng er tzů in vñ sprach
Heyliger vatter sant gall ich sich
dz du vnd Columbanus got mit
fleyß alle zeytt dienent / da vō bitt
ich euch durch gottes willen das
ir mich dz ouch leret vnd wie ich
die welt verschmech vnd wie ich
der torheit müg empfliehen / vnd
weyst mich das ich den lon des
ewigen lebens mit euch müg be=
sitzen / Da sprach Columbanus
mein liebes kind es ist gewonheit
vnder geystlichen leuten das wir
nyemant in vnnser gesellschafft
empfahen wir versůchen in dann

3

Die alten Handschriften über Magnus

Erster Inkunabeldruck des deutschen
Magnusleben, aus: Der Heiligen Leben.
Günther Zainer, Augsburg, 1472 Holz-
schnitt, handkoloriert und vergoldet.
Exemplar aus dem Museum der Stadt
Füssen, Inv. Nr. 3928

Die einzige literarische Quelle über Magnus ist die sogenannte Magnusvita, über deren Entstehung und historischen Wert in der Fachwelt vielfach diskutiert wurde. Die Vita des Magnus in der heute vorliegenden Form bildet kein einheitliches Ganzes. Bereits eine der ältesten Handschriften aus St. Gallen, der Codex 565, enthält die Vita des Magnus in zwei getrennten Teilen. Der ältere, zweite Teil aus dem 11. Jahrhundert behandelt die Lebensgeschichte des Magnus vom Auszug aus St. Gallen bis kurz nach seinem Tod. Der jüngere, vorangestellte Teil aus dem 12. Jahrhundert berichtet über das Leben des Magnus unter Columban bis zum Tod des Gallus. Columban starb im Jahre 615, und Magnus wurde erst circa 100 Jahre später geboren. Wie können sie also Weggefährten der gleichen Zeit gewesen sein? Wie zuverlässig sind die Lebensbeschreibungen des Magnus, die neben seiner Wirkungsgeschichte die einzigen Quellen dafür sind, dass er tatsächlich gelebt hat? Die Beantwortung dieser Fragen ist von hoher Bedeutung, da sie darüber entscheidet, ob es Magnus denn überhaupt gegeben hat und wie glaubwürdig die uns überlieferten Ausführungen über ihn sind.

Die Entstehung der Magnusvita

In den heute erhaltenen Magnusviten wird angegeben, dass der Urtext der Magnusvita, eine von Theodor, dem Gefährten des Magnus, verfasste Urvita ist, die dem Grab des Magnus Mitte bis Ende des 8. Jahrhunderts beigefügt wurde. Bei der Erhebung des Magnusgrabes unter dem Augsburger Bischof Lanto im Jahre 848 wird diese Urvita als vermodert und kaum mehr lesbar beschrieben. Unter Erhebung versteht man die Bergung der bestatteten Gebeine eines Menschen im Rahmen einer damit verbundenen Heiligsprechung. Der feierliche Akt der Erhebung und der damit verbundene Kult ließen eine angemessene neue und nicht vermoderte Vita notwendig erscheinen.

Deshalb beauftragte Bischof Lanto den Benediktinermönch Ermenrich aus dem Kloster Ellwangen bis zur Einweihung der Füssener Magnuskirche um die Mitte des 9. Jahrhunderts unter Berücksichtigung der noch lesbaren Teile eine neue, brauchbare Vita über das Leben des Heiligen zu schreiben. Die Urvita des Theodor ist nicht mehr vorhanden und lebt nur noch in dieser von Ermenrich überarbeiteten Fassung weiter.

Jedoch ist auch die Magnusvita des Ermenrich nicht mehr erhalten. Sie lag aber einer neuen, zweiten Redaktion zugrunde; denn anlässlich der Übertragung der Armreliquie des Magnus nach St. Gallen im Jahre 898 empfand man dort das Bedürfnis, auch über das Leben des Magnus schreiben zu müssen. So wurde in St. Gallen eine neue Magnusvita verfasst und mit einem vorangestellten Teil ergänzt. Die älteste heute noch erhaltene Magnusvita, die aus dem späten 9. Jahrhundert stammende Vita Sancti Magni vetus (Codex 265) aus dem Kloster Einsiedeln, greift, in einer dritten Redaktion, auf diese St. Galler Vita des 9. Jahrhunderts zurück.

Nach den Angaben der Magnusvita ergibt sich daher folgender Verlauf:

A Die Urvita über Magnus ist nach Angaben der heute noch erhaltenen Viten eine von Theodor, dem Gefährten des Magnus, verfasste Urvita, die dem Grab des Magnus beigelegt wurde.

B Der Benediktiner Ermenrich von Ellwangen verfasste im Auftrag Bischof Lantos für die Einweihung der Füssener Kirche im Jahre 848 eine Magnusvita, der die Urvita Theodors zugrunde lag.

C Diese von Ermenrich verfasste Vita wurde im 9. Jahrhundert in einer zweiten Redaktion in St. Gallen ergänzt und um einen ersten Teil erweitert.

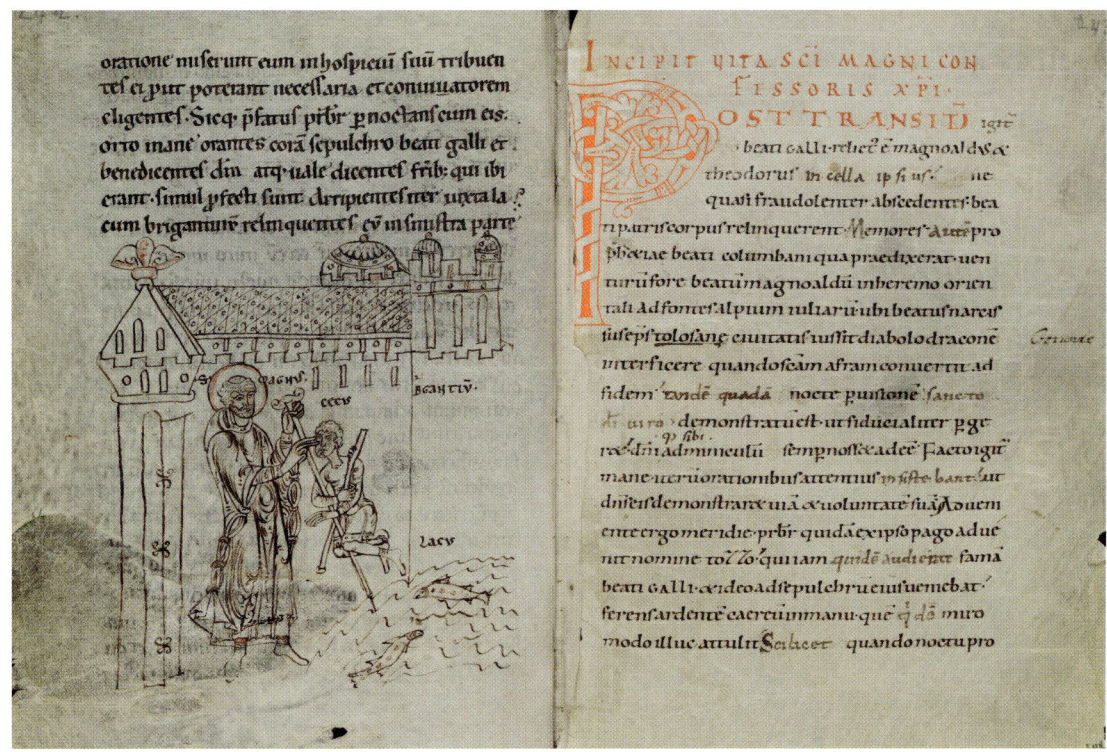

Auf der linken Seite die Heilung eines Blinden in Bregenz (um 1135), auf der rechten Seite der ältere und historisch wichtige Teil, beginnend mit einer menningeroten Initiale mit Flechtbandornamentik, was für den Beginn der Vita spricht. Codex 565

D Die älteste bisher bekannte Magnusvita kurz vor 900, ist die Vita Sancti Magni vetus (Codex 265) aus dem Kloster Einsiedeln. Sie greift in einer dritten Redaktion auf die zweite Redaktion von St. Gallen zurück.

Wir haben also drei redaktionelle Überarbeitungen der Urvita, die in ihrer historischen Brauchbarkeit deutlich voneinander zu unterscheiden sind. Als die St. Galler Mönche im 9. Jahrhundert die Magnusvita des Ermenrich überarbeiteten, unterlief ihnen ein folgenschwerer Fehler, der zu nicht unerheblichen Irritationen führte. So wurde in St. Gallen eine neue Magnusvita, bestehend aus zwei Teilen, geschrieben. Der erste Teil wurde weitgehend aus den Viten des Columban und Gallus abgeschrieben und einfach Magnus zugeordnet. Der zweite Teil wurde aus der Magnusvita des Ermenrich entnommen und dann mit dem ersten Teil verbunden.

In der ältesten St. Galler Magnusvita (Codex 565) ist eine deutliche sprachliche und optische Zäsur zwischen dem ersten und zweiten Teil zu erkennen. So bricht der erste Teil, aus dem 12. Jahrhundert stammend, mitten im Satz mit der Beschreibung des Magnus am Bodensee abrupt ab, und der zweite, ältere, aus dem 11. Jahrhundert stammende Teil setzt mit der Sendung des Magnus in das Allgäu ein. Am Abbruch des ersten Teils wird eine rötlich kolorierte Federzeichnung um 1135 sichtbar. Dort ist Magnus abgebildet, wie er bei Bregenz einen Blinden sehend macht. In der obigen Abbildung ist auch am Schriftbild deutlich zu erkennen, dass es sich um zwei unterschiedlich geschriebene Teile handelt.

Gallus mit dem Krummstab des Columban und Magnus mit Angelgerät und Fischernetzen kommen zu dem Priester Willimar. Aus dem Martyrologium aus Zwiefalten, um 1138–1147. Stuttgart, Württembergische Landesbibliothek Cod. hist. 2°415

Der erste Teil der Magnusvita ist unbestritten ein Plagiat, weil er von der Vita des Columban und der Vita des Gallus weitgehend abgeschrieben wurde. Alles, was in den beiden Viten über den Columbanschüler Chagnoald und den Gallusschüler Magnoald erzählt wird, wurde einfach auf Magnus von Füssen übertragen. Diese handgreiflichen Unmöglichkeiten haben einen lebhaften Streit über die Echtheit oder Unechtheit der Magnusvita hervorgerufen. 1619 schrieb ein St. Galler Gelehrter an den Abt von Füssen, dass die Geschichten über das Leben des Magnus aufs Schlimmste verdreht seien. Ein Historiker des 19. Jahrhunderts bezeichnete die Vita als eine „Missgeburt der finstern Zeiten", ein anderer jener Zeit nannte sie eine „hässliche Betrügerei".

Es ist jedoch von Bedeutung, dass der erste Teil, wenn auch fantasievolles Machwerk aus St. Gallen, ein wichtiges Phänomen zum Ausdruck bringt: Magnus wird als geistiger Schüler und Nachfolger von Gallus und Columban gesehen und aufs Engste mit ihnen in Verbindung gebracht. Um die Linie geistlicher Verbundenheit herzustellen, wurde die Person des Magnus, auch unter Inkaufnahme eines Jahrhundertsprungs, mit der des Gallus und des Columban verknüpft. Dabei sollte, wie im Mittelalter oft üblich, nicht auf chronologische Richtigkeit und Genauigkeit, sondern vielmehr auf das Phänomen der geistlichen Ähnlichkeit hingewiesen werden. Das Anliegen der Vita ist deshalb, was ihren ersten Teil betrifft, keine historische Berichterstattung, sondern sie greift die Idee der Nachfolge auf. Magnus steht in der Nachfolge des Gallus, der selbst wiederum seinem Meister Columban folgte. Das Fresko aus der Krypta in Füssen, in dem Magnus direkt hinter Gallus herläuft, belegt bildhaft diese Auffassung. Auch in der links stehenden Abbildung wird Magnus als Gefährte des Gallus dargestellt und dabei die chronologische Richtigkeit als unwesentlich außer Acht gelassen.

Der zweite Teil der Magnusvita greift auf Theodor und damit einen Augenzeugen der ersten Stunde zurück und dürfte wesentliche Teile der von Ermenrich verfassten Vita aus dem 9. Jahrhundert wiedergeben. Für die Füssener Frühgeschichte, für die Christianisierung des Allgäus, für den Beginn des Bistums Augsburg oder für die politischen Verhältnisse im Allgäu im frühen Mittelalter ist der zweite Teil der Magnusvita die einzige schriftliche Quelle und trägt auch trotz einiger Unstimmigkeiten zur Erhellung politischer Ereignisse bei. Die Angaben zu territorialpolitischen Aussagen erfuhren durch die neueren Forschungen eine Aufwertung und unterstrichen den historischen Kern des zweiten Teils der Vita.

Aus all dem ergibt sich, dass bei einer Beurteilung der Vita eine differenzierte Betrachtung angebracht ist. Beide Teile sind von ungleichem historischem Wert. Die erhaltenen Magnusviten liegen uns in zwei von ihrem historischen Wert her zu unterscheidenden Teilen vor. Die Bedeutung des ersten Teils liegt in der Beschreibung der geistlichen Ähnlichkeit des Magnus zu Gallus und Columban; die des zweiten Teils in seiner historischen Beschreibung von Herkunft und Wirken des Magnus.

Die erste Seite der aus dem späten 9. Jahrhundert stammenden ältesten Magnusvita, der Vita Sancti Magni vetus (Codex 265) der Stiftsbibliothek in Einsiedeln.
Die rote Überschrift und Zeigehand wurden nachträglich eingefügt. Darauf ist zu lesen: „Im Jahre 1351 habe ich, Bruder Heinrich von Ligerz, unwürdiger Schatzmeister dieses Klosters, dieses Buch durchgelesen und mit Händchen versehen."

Die älteste Magnusvita – eine Zusammenfassung

Die bereits erwähnte Handschrift aus der Stiftsbibliothek des Klosters in Einsiedeln, die Vita Sancti Magni vetus (Codex 265), stammt aus dem späten 9. Jahrhundert und ist damit die älteste erhaltene Magnusvita. Diese Vita kommt nicht nur aufgrund ihres Alters, sondern vor allem wegen ihrer sprachlichen Qualität der Urvita am nächsten. Alle späteren Magnusviten gehen auf diese Vita zurück. Da diese Vita auf die Erweiterung der St. Galler Vita aus dem 9. Jahrhundert zurückgreift, enthält sie auch die zwei unterschiedlich zu bewertenden Hauptteile. Im Folgenden soll die Vita Sancti Magni vetus zusammengefasst werden. Damit besteht die Möglichkeit, einen zusammenhängenden Einblick in die Vita des Magnus zu bekommen, auch wenn einzelne Inhalte auch an anderer Stelle angeführt werden und es so zu Wiederholungen kommen kann.

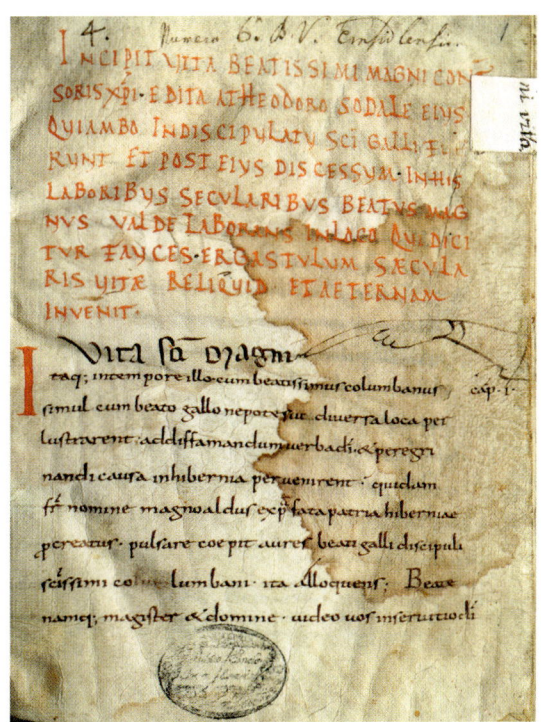

Die beigefügten Bilder stammen von Cuonrad Sailer aus der Stiftsbibliothek St. Gallen (Codex 602) und sind zeitgenössische Abbildungen aus dem einzigen mittelalterlichen Magnuszyklus, der gegen 1451 entstand. Es sei ausdrücklich erwähnt, dass gerade der erste Hauptteil der Magnusvita Teile beinhaltet, die nicht als geschichtlich so geschehene Ereignisse betrachtet werden dürfen.

A. Erster Hauptteil: Magnoald, Schüler des Columban und des Gallus

Die Vita beginnt mit Columban und Gallus, die in Irland lebten und als Pilger in der Nachfolge Gottes unterwegs waren. Sie zogen im Land umher, was kurz umschrieben wird mit „peregrinandi causa" (um zu pilgern), womit gemeint ist: um Christus willen in entlegensten Gebieten das Wort Gottes verkündigen. Plötzlich tauchte wie aus dem Nichts ein Bruder mit Namen Magnoald auf, der sich Gallus zu Füßen warf und ihn inständig darum bat, sich ihrer Pilgerschaft (Peregrinatio) anschließen zu dürfen. „Darum werfe ich mich vor eure heiligen Füße und flehe euch an, dass auch ich den Tand der Welt verwerfe und den Glanz irdischer Verlockungen verachte und dadurch ewigen Lohn empfangen darf." Columban nahm Magnoald unter der Verpflichtung zum Gehorsam als Schüler auf und prophezeite über ihn: „Groß (Magnus) wird dich der Herr machen an Weisheit und Einsicht, und nach diesem großen Namen sollst du Magnoald heißen". Kurz darauf folgte das erste Wunder des Magnoald. Als Columban Magnoald zu sich rief, rannte dieser, „vom Feuer des Gehorsams glühend", zu seinem Meister und vergaß, den Hahn eines gerade geöffneten Bierfasses zu schließen. Das auslaufende Bier häufte sich übernatürlich in der Luft über einem überfüllten Krug an, ohne dass auch nur ein Tropfen auf den Boden fiel. Darauf heißt es: „O welch große Gabe der gött-

Magnus und der Äpfel fressende Bär. Der in der Magnusvita ambivalente Bär, der zum Einen böse, grob und gefährlich, aber auch als gut, hilfsbereit und treu dargestellt wird, erweist Magnus Bärendienste im positiven Sinne.

lichen Macht Gottes, der dir, seinem Knecht und noch Neuling, eine so große Gnade geschenkt hat, so dass du nunmehr Magnus, der Große unter den Brüdern genannt wirst! Da verstummte der heilige Magnoald und dankte im Herzen Gott für seine so große Barmherzigkeit."

Magnoald wirkte weitere Wunder. Ein wilder Bär half ihm beim Äpfelsuchen und begnügte sich selbst mit den schlechteren Äpfeln. Darauf sagte Columban: „Du, Magnoald, hast im Namen des Herrn Bären geboten, die Äpfel zu unserem Bedarf aufzubewahren. Verrichte nun wiederum gemäß deinem Namen ein großes Werk und bitte bei Gott, dass die Vögel solange bleiben, bis die Brüder sie für unsere Bedürfnisse gefangen haben." Daraufhin ließen sich die Vögel freiwillig von Magnoald und einigen Brüdern als Nahrung fangen.

Aufgrund einer Weisung Gottes verließen Columban, Gallus und Magnoald Irland, um auf das Festland das Licht des Evangeliums zu bringen. Columban wurde mit seinem Gefolge in die kriegerischen Auseinandersetzungen zwischen den Merowingerkönigen Theudebert und seinem Bruder Theuderich einbezogen. Zunächst gab Theudebert Columban Land, „wo sie einen geeigneten Platz für die Errichtung einer Zelle finden konnten". Schließlich wurde Columban selbst in den Konflikt der Könige verwickelt und musste mit seinen Gefährten von Burgund, dem Gebiet Theuderichs, nach Alemannien in das Gebiet Theudeberts fliehen. Dort kamen sie zu einer von ihnen zuvor erbauten Zelle in Bregenz und predigten dem Volk, „Christus zu verehren und ihre hohlen und tauben Götzenbilder in Stücke zu zerschlagen". Darüber entbrannte das Volk in teuflischem Eifer und verhandelte wegen der zerstörten und in Stücke geschlagenen Götzenbilder mit König

Sigibert, auf dass er die heiligen Männer aus seinem Gebiet vertreibe. Dies aber hatte der Teufel mit seiner Kunst angezettelt, um das Volk, das ihm in der Gegenwart des Lichtes durch die Predigt der heiligen Männer zu entgleiten drohte, wieder mit der alten Finsternis in Beschlag zu nehmen, sobald nur der Glanz der Heiligkeit verblasst wäre". Columban wurde von König Sigibert angehalten, den Bodenseeraum zu verlassen, und so beschlossen sie auf gemeinsamen Ratschluss hin, nach Italien zu ziehen.

Vor der Abreise von Bregenz nach Italien wurde Gallus krank, und Columban gebot ihm, erst nach seinem (Columbans) Tod wieder Gottesdienste zu halten, da er in der Krankheit nur einen Anlass zur Verweigerung der Abreise sah, um die Strapazen des langen Weges nach Italien zu vermeiden. In diesem Zusammenhang prophezeite Columban dem Magnoald, er werde bei Gallus zurückbleiben und die Völker im Osten missionieren: „Ich weiß, Magnoald, du wirst einst groß (Magnus) sein und bei den Völkern im Osten viel für Gott gewinnen. Deshalb will ich nicht, dass du mit mir ziehst, sondern ich lasse dich und unseren getreuen Theodor zurück, damit ihr beide Gallus zu Diensten seid, ihm gehorcht und euch mit ganzer Aufmerksamkeit seiner Genesung widmet. Dort wirst du mit Gottes Hilfe viele zum Glauben an Christus bekehren und ihre Seelen für den Herrn gewinnen, und du wirst dort den Namen tragen, den Gott dir gegeben hat, weil er dich erhöhen will, und du wirst von dem Volk jenes Landes Magnus genannt werden, weil du ihnen den Glauben predigen und sie von ihrer Leere und Dämonenverehrung zum Glauben an Christus hinwenden wirst. Denn es werden dir dort Dämonen begegnen, die dir viel Übles antun werden, aber der Herr, der dich dorthin zum Leben und Wohnen schickt, wird dich stark machen". Nach diesen Worten machte Columban sich auf den Weg nach Italien.

Nach der Abreise des Columban schritt die Genesung des Gallus voran, und sie bauten in einer zum Wohnen bestens geeigneten Gegend eine neue Missionszelle (das spätere St. Gallen). „Und als die Zelle errichtet war, lebten sie von nun an dort und dienten Gott, nachdem der heilige Gallus die Dämonen an jenem Ort ausgetrieben hatte." Nach mehrmaligem Bitten des Alemannenherzogs Gunzo trieb Gallus mit Gebetsunterstützung Magnoalds einen bösen Geist aus der Herzogstochter aus. „Der Herr aber machte mit diesem Zeichen, um das sich die heiligen Gallus und Magnoald verdient gemacht hatten, sichtbar, dass sie dem Vorbild der heiligen Apostel Petrus und Paulus gefolgt waren. Denn wie Petrus den Dämonen befohlen hatte, Simon den Magier, den sie in die Lüfte emportrugen, fallen zu lassen, während der heilige Apostel Paulus betete, worauf sie ihn losließen, und er herunter fiel und seine Eingeweide in alle Einzelteile zerstreut wurden und er tot zusammen mit den Dämonen in die Hölle hinabfuhr und seitdem dort verharrt, so war auch dieser Dämon beim Gebet des heiligen Magnoald und auf den Befehl des heiligen Gallus aus dem Mädchen gewichen". Der Herzog Gunzo wollte Gallus aus Dankbarkeit zum Bischof von Konstanz ernennen, doch dieser lehnte aufgrund des Verbotes des Columban, eigene Gottesdienste zu feiern, ab. Die vielfältigen Geschenke des Herzogs verteilte Magnoald unter die Armen und Bedürftigen, und so kehrten sie in ihre Zelle (St. Gallen) zurück. Gallus unterrichtete und schulte einen Diakon namens Johannes und empfahl dem Herzog Gunzo, diesen zum Bischof zu ernennen. Der daraufhin ernannte Bischof Johannes weihte Magnoald zum Diakon.

„Zu dieser Zeit begannen der heilige Gallus und Magnoald die Kirche zu bauen, das Kloster zu errichten und Zellen kreisförmig anzulegen als Unterkunft für die Brüder, wobei König Sigibert und Herzog Gunzo sie unterstützten. Und so errichteten sie ein Kloster von erstaunlicher Größe und entzündeten in den Brüdern, die dort zusammen-

Magnus beim Vogelfang

gekommen waren, durch Belehrung und Unterweisung die Sehnsucht nach dem Unvergänglichen." In einem Traum hatte Gallus die Vision, dass Columban „aus der Enge des Lebens zu den Freuden des Paradieses gegangen sei", und sandte Magnoald nach Italien, um zu erkunden, ob die Vision der Wahrheit entspreche. Magnoald ging nach Italien und fand Columban gestorben vor. Ein Diakon überreichte Magnoald den Stab (Gambutta) des Columban und sagte, dass dieser vor seinem Tod angeordnet habe, „dass durch dieses wohlbekannte Unterpfand Gallus die Absolution erteilt werde". Nachdem Magnoald zehn Jahre im Dienste des Gallus gewesen war, starb Gallus an einem starken Fieber im Alter von 95 Jahren. Drei Jahre nach seinem Tod zerstörte der verruchte Herzog Otwin das Kloster (St. Gallen), schändete das Grab des Gallus und brachte alle um, die er finden konnte, außer Magnoald und Theodor, die er jedoch geißeln ließ. Bischof Boso aus Konstanz

kam, um Magnoald und Theodor in dieser schweren Lage zu unterstützen, und bat den Frankenkönig Pippin um Hilfe. Dieser verfolgte Herzog Otwin so unnachsichtig, dass sich Otwin aus Verzweiflung selbst mit dem Schwert umbrachte.

B. Zweiter Hauptteil: Magnus, Apostel des Allgäus

Der zweite, historisch gesehen wertvolle Teil der Vita beginnt mit einem Paukenschlag: Tozzo, ein Gesandter des Bischofs Wikterp von Augsburg, kam mit einer wundersamen Kerze zu Magnus. Mit diesem Bild des Lichtes wurde Magnus in das Allgäu gerufen, gleichsam ein Symbol für das Vorhaben, nun das Licht des Evangeliums entsprechend der Prophezeiung Columbans nach Osten (das heißt in das Allgäu) zu bringen.

Blindenheilung durch
Magnus in Bregenz

Magnoald und Theodor hatten sich einen Tag zuvor zum Gebet niedergeworfen und inständig Weisung erfleht, nach der Prophetie des Columban zur Verkündigung des Evangeliums gen Osten losziehen zu dürfen. In der Nacht erlebte Magnoald eine Vision, dass er zuversichtlich aufbrechen solle. Gegen Mittag des nächsten Tages traf ein Priester mit dem Namen Tozzo ein, der mit einer wundersamen Kerze in der Hand kam, die bei Tagesanbruch von selbst ausging, nachts durch kein Unwetter zu löschen war und nicht kleiner wurde. Tozzo hatte den Auftrag bekommen, diejenigen, die er in der Zelle von Gallus antreffen werde, nach Osten zu geleiten. Mit großer Dankbarkeit und einem Gebet für diese Erhörung zogen Magnus, Theodor und Tozzo am nächsten Tag entlang des Bodensees nach Osten. In Bregenz, dem Ort, wo der geistliche Vater Columban einst gewirkt hatte, verweilten sie zwei Tage. Magnoald traf hier einen bettelnden Blinden. Er

sprach diesen an: „Öffne deine Augen, auf dass du siehst und durch deiner Hände Arbeit dein täglich Brot erwerben kannst." Nach diesen Worten bestrich er mit seinem Speichel die Augen des Blinden, der unverzüglich sehen konnte. Der Blinde warf sich ihm zu Füßen und sprach: „Herr! Ich sehe, dass du groß bist, und groß sind deine Werke. Wenn du willst, werde ich dir folgen, wohin auch immer du gehen wirst." Jener aber erwiderte: „Wenn du dem Herrn dienen willst, dann folge mir nach". Deshalb wurde er, nachdem er dieses Wunder vollbracht hatte, von den Einwohnern jenes Landes Magnus genannt.

„Nach einigen Tagen kamen sie an einen Ort, der Kempten heißt, wo sie eine sehr schöne Stadt vorfanden, die jedoch völlig verlassen war". Tozzo berichtete Magnoald, dass es an jenem Ort eine gefährliche Schlange gebe, die die Bewohner in Angst und Schrecken halte, und dass sie besser

Sieg über die Schlange
Boa in Kempten

schleunigst weiterziehen sollten. Darauf erwiderte Magnoald: „Wahrlich, unser Herr Jesus Christus hat ebenso die Macht, diese Schlangen von hier zu vertreiben, wie er auch die Macht gehabt hat, durch das Gebet unseres Herrn und Meisters Gallus, wilde Tiere und natürlich auch Schlangen und Dämonen von jenem Ort zu vertreiben, den er sich zur Errichtung der Zellen und Begräbnisstätte seines heiligen Leichnams erwählt hat. Deshalb sollten wir mit der Erlaubnis des Herrn heute Nacht hier bleiben". Magnoald prophezeite Theodor, dass er an jenem Ort, nachdem sie die Schlange vertrieben hätten, eine Missionszelle errichten und aufbauen werde. Sie warfen sich zum Gebet nieder, und als die Schlange aus der Stadt kam, floh der Priester Tozzo mit dem ehemals Blinden auf einen Baum. Magnoald ergriff den Stab des Columban, ging der Schlange entgegen und sprach zu ihr: „Im Namen meines Herrn Jesus Christus befehle ich dir, hier zu-

grunde zu gehen, und den Teufel selbst, der in dir steckt, beschwöre ich beim wahren und lebendigen Gott, dass er dich töte." Magnus stieß den Stab des Columban in die Schlange, sodass sie starb. Alle anderen Schlangen ergriffen die Flucht, und der Ort, wo sie noch eine Woche blieben, konnte nun als Wohnstätte für die Menschen bereitet werden.

Als Theodor das von Magnoald vollbrachte Wunder erkannte, rief er aus: „Herr, du allmächtiger Gott, der du Himmel und Erde und das Meer geschaffen hast und alles, was darin und darauf ist, dir sage ich Dank, dich rufe ich an, dich bete ich an, dir singe ich Lob, der du uns aus so großer Gefahr und vor dem Verschlingen der Schlangen gerettet hast". Von da an wurde Magnoald Magnus genannt, der sprach: „Wir wollen diesen Ort gemeinsam reinigen, denn der Herr will ihn zur Gründung einer Zelle bereiten. Diese Woche wol-

Bau der Kirche (Zelle)
in Kempten

len wir hier verbringen und eine kleine Kapelle bauen, auf dass die Leute hierzulande lernen, welche Barmherzigkeit der Herr ihnen zuteil werden ließ. Und durch die Predigt des heiligen Magnus, der ja Diakon war, wurden sehr viele zum Glauben bekehrt und von dem Priester Tozzo getauft, und unter Dankgebeten blieben sie dort, um das Land zu bestellen und mit dem heiligen Magnoald und Theodor eine Zelle zu errichten". Als Magnus und Theodor im Gebet gegen die dämonischen Mächte vorgegangen waren, hörten sie jene schreien und heulen: „Du, Magnus, trägst drei Namen in dir vereint, und mit dieser Dreieinigkeit fügst du uns so viel Leid zu? Und du, Theodor, was hast du mit uns zu schaffen? Es werden Tage kommen, da wirst du keinen Magnus mehr bei dir haben, und dann werden wir gegen dich kämpfen und mit mannigfachem Trug die Menschen dieses Landes gegen dich aufstacheln". Magnus befahl den dämonischen Mächten, die wehklagten, dass

dieser neue Hahn (Gallus) noch schlimmer sei als der alte, aus dem Gebiet zu weichen. „Wehe, was werden wir nun tun? Einen anderen Hahn (Gallus) haben wir hier! Dieser ist ja noch schlimmer als der erste, denn mit seinem Hahnengeschrei vertreibt er uns und unsere Kumpane und lässt uns nicht einmal mehr in der Einöde leben!". Magnus übertrug seinem Gefährten Theodor die Aufsicht über die neu errichtete Zelle und ließ ihn zusammen mit dem geheilten Blinden aus Bregenz zurück mit dem Auftrag, die Missionszelle in Kempten weiter auszubauen. Magnus selbst reiste nach Epfach weiter.

Tozzo eilte nach Epfach voraus, wo er Wikterp, den Bischof von Augsburg, antraf, der auf die Frage, woher dieser vollmächtige Magnus stamme, antwortete: „Herr, wie ich von Theodor, der nun in Kempten geblieben ist, gehört habe, stammt er aus Irland". Wikterp empfing Magnus

Drachenkampf
des Magnus bei
Roßhaupten

freundlich und stattete ihn für die Weiterreise nach Füssen aus, wo Magnus eine Missionszelle errichten wollte. Auf dem Weg nach Füssen kamen sie an Roßhaupten vorbei. Dort machte ein Drache den hier lebenden Menschen schwer zu schaffen. Als Tozzo voller Angst vorschlug, mit dem Drachen besser nicht den Kampf aufzunehmen, antwortete Magnus: „Und wenn Gott für uns ist, wer ist dann wider uns? Lass uns also voller Zuversicht aufbrechen, denn derselbe, der Daniel aus der Löwengrube befreit hat, vermag auch mich aus der Hand dieses Scheusals zu entreißen". Daraufhin machte sich Magnus auf, dem Drachen zu begegnen, und tötete ihn mittels des Krummstabes des Columban durch die Kraft Gottes.

An einer anmutigen Stelle am Ufer des Lechs gründete Magnus eine Zelle, die von Bischof Wikterp eingeweiht wurde. Von überall her strömten die Menschen, um sich die Fürsprache des Magnus zu erbitten. Er entzog sich den vielen Menschen und wollte eine neue Zelle unmittelbar am Lechdurchbruch, am sogenannten Schlund, errichten. Diese Zelle (es war die Füssener Missionszelle) versuchten die Dämonen mit vereinten Kräften zu verhindern, vermochten aber gegen Magnus nichts auszurichten und mussten das Gebiet am Ende freigeben. „Und als die Diener Gottes dies vernahmen, warfen sie sich nieder zum Gebet und lobten den Herrn und dankten ihm, der sie von den Schrecken der bösen Geister befreit hatte, und so kehrte der heilige Magnus am nächsten Tag mit dem Priester Tozzo an den schon erwähnten Ort zurück, wo sie mit der Hilfe der ihrigen eine winzige Kapelle bauten, und Bischof Wikterp, von Tozzo herbeigerufen, weihte dieses Bethaus zu Ehren unseres Herrn Jesus Christus unter dem Namen des heiligen Erlösers". Bischof Wikterp bekam die Möglichkeit, König Pippin von

Priesterweihe des Magnus (Mitte) durch Bischof Wikterp (rechts), Theodor (links)

den Wundern des Magnus zu berichten. „Da begann Bischof Wikterp von den Wundern des heiligen Magnus zu erzählen, wie er mit der Hilfe des Herrn den Drachen getötet hatte, und von den anderen Wundern, die der Herr durch seine Verdienste und Gebete in jener Gegend vollbrachte, und wie jener Ort, wo der heilige Magnus lebte, gereinigt wurde". Als König Pippin dies hörte, wurde sein Herz bewegt, und er entsprach der Bitte des Bischofs Wikterp, der Füssener Zelle Ländereien und Steuereinkünfte zu schenken, und sicherte die Schenkung mit einer Stiftungsurkunde ab.

Theodor machte sich von Kempten aus auf, Magnus in Füssen aufzusuchen, um ihm von seinem Ergehen in Kempten zu berichten. „Dann erzählte ihm Theodor die unzähligen Missetaten, die er von den Leuten des Illergaus hatte dulden müssen, aber obwohl er so große Ungerechtigkeiten und Leiden von ihnen auszuhalten hatte, hatte er

dennoch dort eine kleine Kirche am Ufer der Iller gebaut und wollte nun, dass der heilige Magnus Bischof Wikterp bitte, sich dorthin zu begeben und die Basilika dem Herrn zu weihen". Daraufhin machte sich Magnus mit Theodor nach Epfach auf, um den dort in einer Kapelle betenden Wikterp zu bitten, die Kemptener Kapelle einzusegnen. Wikterp weihte Magnus aufgrund seiner großen Taten, noch bevor sie nach Kempten aufbrachen, in Epfach zum Priester. Zur Einweihung in Kempten heißt es: „Der ehrwürdige Bischof aber erquickte an dem hohen Festtag der Kirchweihe vor versammelter Volksmenge mit der Labsal seiner Predigt die Herzen der Hungernden, und auf seinen Befehl kleidete der heilige Magnoald seine Worte in das große Licht seiner Weisheit und füllte so die Herzen der Menschen, dass sie mit großem Beifall lauschten und ihn mit unsagbarer Achtung und Ehrerbietungen überschütteten."

Der Bär begleitet
Magnus zur Zelle

„Der heilige Magnus aber blieb 25 Jahre in seinem Kloster, das er sich am Schlund (Füssen) errichtet hatte. Dort vollbrachte Gott durch ihn große Wunder: Blinden verlieh er das Augenlicht, Tauben das Gehör, aus vielen Menschen trieb er Dämonen aus, Lahme machte er gehend, und er lehrte das Volk und bekehrte es zum Glauben an Christus, so dass die Menschen ihre hohlen und tauben Götzen aufgaben und an den Herrn Jesus Christus glaubten". Als Magnus im Gebet die Gegend erforschte, begegnete er an einem Berg, der Säuling heißt, einer Menge wilder Bären. Einer dieser Bären kam zu ihm und zeigte auf den Befehl des Magnus hin eine unter einer Tanne gelegene Erzader. Daraufhin begleitete der Bär Magnus zu seiner Zelle in Füssen, um ihm dort weiter zu dienen.

Nach 25-jährigem Wirken des Magnus in Füssen starb Bischof Wikterp zur Regierungszeit Pippins an einem 18. April. Sein Nachfolger wurde der Priester Tozzo. Am Ende des 26. Wirkungsjahres in Füssen wurde Magnus von Fieber krank und schwach. Er schickte nach Theodor, der sofort von Kempten nach Füssen aufbrach und den heiligen Mann in schwerster Krankheit danniederliegend vorfand. Auch Bischof Tozzo kam angereist und begann am Sterbebett des Magnus zu weinen. Darauf sprach Magnus: „Weine nicht, ehrwürdiger Bischof, weil du siehst, dass ich mich in so vielen Stürmen weltlicher Wirren plage. Denn ich glaube, dass sich meine Seele in Gottes Barmherzigkeit an der Freiheit der Unsterblichkeit erfreuen wird".

Tod des
Magnus
(von links):
Bischof Tozzo
von Augsburg
und Theodor

Bei diesen Worten empfahl sich der heilige Magnus Gott und dem ehrwürdigen Bischof nach sechzehn Tagen Leiden und nach sechsundzwanzig Jahren seines Gebetes in jenem Kloster, insgesamt aber nach dreiundsiebzig Lebensjahren im hohen Greisenalter am heiligen Sonntag am achten Tag vor den Iden des September (6. September), und, befreit vom Kerker dieses Lebens, gab er an jenem Sonntag um die neunte Stunde seine heilige Seele Gott zurück.

In einen Steinsarkophag legten sie den Leichnam des Magnus und die von Theodor verfasste Lebensgeschichte des Magnus, die zu Beginn wie folgt lautet: „Ich, Theodor, Mönch aus dem Kloster des heiligen Gallus, habe mich auf Befehl des Bischofs Tozzo bemüht, so viel wie möglich, doch bei weitem nicht alles, über den Lebenswandel dieses so großen Mannes auf Pergament aufzuschreiben. Das Pergament habe ich ihm bei seiner Beisetzung ins Grab an sein Haupt gelegt".

Theodor (links) und Bischof Tozzo von Augsburg (2. von rechts) am Grab des Magnus

C. Nach dem Tod des Magnus

Der Schwerpunkt der Magnusvita liegt mehr auf dem Leben und weniger auf dem Nachleben des Magnus. Nur die letzten drei Kapitel der Vita befassen sich mit der Zeit nach dem Tod des Magnus, was in Anbetracht einer Heiligenvita überraschend wenig ist. So wird nach dem Ableben von Magnus lediglich von drei Wundern berichtet: die Vision eines todkranken Mönches, die Unversehrtheit des Leichnams des Magnus und die Heilung des todkranken Mönches, der das verschollene Magnusgrab fand.

Nach dem Tod des Königs Pippin kam es zu politischen Unruhen in Alemannien, in deren Verlauf die Zellen von Kempten und Füssen in starke Mitleidenschaft gezogen wurden. „Da konnte Theodor, der getreue Mönch des heiligen Gallus und Magnus, kaum noch über den Ort Kempten wachen, wegen vielerlei Verfolgungen und Unter-

drückungen von Seiten schlechter Menschen unter den Bewohnern dieses Ortes, die sich gegen die Seinigen, sein Hab und sogar gegen ihn selbst richteten. Deshalb verließ er jenen Ort und machte sich auf zum Kloster des heiligen Gallus." Theodor berichtete dem inzwischen hochbetagten Greis Abt Otmar von den Verfolgungen, die er von den Heiden und bösen Christen erleiden musste. Daraufhin schickte Otmar einen Mönch mit Namen Perechtgoz, einen hervorragenden und klugen Mann, zusammen mit vier anderen Mönchen nach Kempten. Theodor durfte bis zu seinem Tod in St. Gallen bleiben. Unter Karl dem Großen kam das Land um Kempten und Füssen zur Ruhe, und die stark beschädigte Zelle in Füssen wurde unter der Gunst des neuen Königs von Sintpert, dem Bischof von Augsburg, neu aufgebaut.

Grabung nach
dem Sarg des
Magnus durch
Bischof Lanto

Sintperts Nachfolger Hanto, Nidker und Lanto setzten den Bau der Magnuskirche in Füssen fort. Lanto wollte den Leichnam des Magnus erheben und am Altar der neuen Kirche erneut beisetzen. Doch das Grab war nicht mehr aufzufinden. Erst durch ein Wunder wurde einem schwerkranken Klosterbruder in einem Traum die Stelle kund, wo der Sarkophag lag. Er sollte aus der Gruft, in der der Leichnam des Magnus liegen sollte, Staub nehmen und sich mit Wasser und Öl eine Paste zubereiten und seinen Körper damit einsalben, um Heilung zu finden. Daraufhin ließ Bischof Lanto an der Stelle, die der Kranke im Traum gesehen hatte, graben, und es kam der Sarkophag des Magnus mit seinem Leichnam zum Vorschein. Auch die Vita Theodors wurde entdeckt, „doch war das Pergament so vermodert, dass man es kaum mehr lesen konnte". Der kranke Klosterbruder aber folgte den Anweisungen und wurde auf der Stelle wieder gesund.

Bischof Lanto übergab die Pergamentreste, die sich im Inneren doch noch als lesbar erwiesen, einem klugen und fleißigen Mönch namens Ermenrich von Ellwangen mit dem Auftrag, die alte Vita Theodors „wiederherzustellen". Mit dem Hinweis auf den Festtag des Magnus am 6. September zum Lob und Ruhm des Herrn endet die Vita.

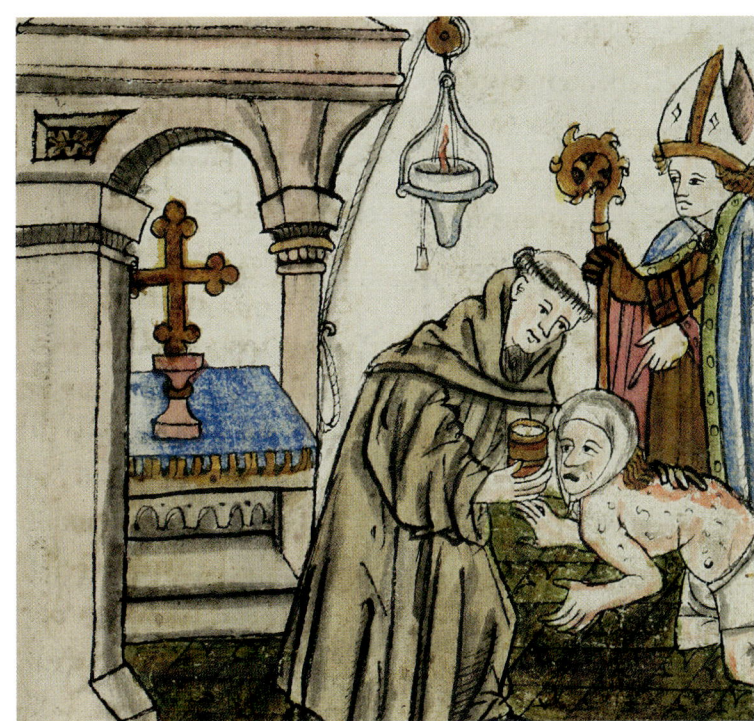

Heilung eines
an Geschwü-
ren erkrank-
ten Mönches

Wie ist die Magnusvita zu bewerten?

Natürlich ist nicht alles in der Magnusvita für bare Münze zu nehmen. Neben dem frei erfundenen und aus den Viten des Gallus und Columban abgeschriebenen ersten Hauptteil sind auch im zweiten Teil Ungenauigkeiten und zeitliche Verdrehungen zu finden. Die Magnusvita jedoch als eine Art Märchenbuch abzutun, wird ihr und der im Mittelalter üblichen Denkweise nicht gerecht. Zweifellos lässt sich gerade aus dem zweiten Hauptteil der Vita ein zugrunde liegender historischer Kern erkennen. Es darf als sicher gelten, dass eine schriftliche Fixierung der wichtigsten Ereignisse aus dem Leben des Magnus vorlag. Die Angaben über die Zeit des Todes von Bischof Wikterp, die Zeit der Wirksamkeit und des Todes von Magnus, über sein Lebensalter und dergleichen sind von solcher Bestimmtheit, dass sie nur gemacht werden konnten, wenn hierfür authenti-

sche schriftliche Aufzeichnungen vorlagen. Auf einige Besonderheiten der Magnusvita sei zum besseren Verständnis eingegangen.

Warum fehlen in der Vita Persönlichkeitsmerkmale?

Individuelle Züge, wie die Schilderung seiner Kindheit, Jugend, des Elternhauses oder der äußeren Gestalt des Magnus sucht man vergeblich. Im Vergleich dazu erhalten wir aus der Columban- oder Gallusvita ein vollständigeres Bild. Dagegen rückt in der Magnusvita das Wirken des Dienstes Christi so sehr in den Vordergrund, dass die Person des Magnus in ihrer Wesensart nur schemenhaft aufscheint. Persönliche Charakteristika wie auch geschichtliche Bezüge als authentische Dokumentation sind in der Magnusvita von nachgeordneter Bedeutung.

Entscheidend ist für die Autoren jener Zeit die Absicht, das vollmächtige Wirken des Magnus herauszustellen. Die völlige Hingabe an Christus durch das Sich-Lösen von allen irdischen Bindungen ist der Kerngedanke der Peregrinatio, die bei Magnus durch den radikalen Verzicht biografischer Hinweise unterstrichen wird.

Was ist von all den Wundergeschichten zu halten?

Nicht wenige meinen, die in der Vita beschriebenen Wunder seien, soweit sie sich nicht auch durch natürliche Vorgänge erklären lassen, rein symbolhaft zu verstehen. Oder es handele sich lediglich um Bilder der Seele, die von innen auf die Außenwelt projiziert wurden und so natürlich nie geschehen sind. Aber wird eine solche Auslegung, die Wunder zu natürlichen Ereignissen umzuinterpretieren oder als eine Art Wunschdenken unserer Seele zu verstehen, der Magnusvita gerecht? Lässt sich so die Strahlkraft eines Magnus auf die Menschen seiner Zeit und seine über Jahrhunderte folgende Wirkungsgeschichte erklären? Sowohl eine Rationalisierung als auch eine Psychologisierung übernatürlicher Berichte ist zu einseitig und spiegelt ein verkürztes Denken wider, das die Dimension des Übernatürlichen ausblendet und damit den Erkenntnishorizont auf das rein irdisch-rational Verständliche reduziert.

Die Berichte über Bären, Schlangen oder Drachen sind als Metapher, das heißt bildhafte Übertragungen, zu verstehen. Die Magnusvita ist ein treffendes Beispiel dafür, dass das Stilmittel der Metapher wirksam und angebracht ist. Durch den Gebrauch dieser Bilder wurde ein einprägsames Bild vermittelt. Bis heute ist der besiegte Drache unter den Füßen des Magnus sein Erkennungsmerkmal schlechthin. Den Menschen jener Zeit war diese Art der bildhaften Darstellung vertraut. Dass es sich bei dem Drachen oder der Schlange nicht um eine Art frühmittelalterliches Tiermonster, sondern um eine sich dem Magnus entgegenstellende widergöttliche Kraft handelte, bedurfte

keiner weiteren Erklärung. Die gezähmten Bären wurden schon damals, wie wir beispielsweise an den Sagen noch sehen werden, als Sinnbild für wilde, verwahrloste oder räuberische Männer verstanden, bei denen es Magnus gelang, sie zum Wohl anderer Menschen zu gewinnen. Auf die genauere Bedeutung von Drache, Bär und Schlange werden wir später zu sprechen kommen.

„Wer nicht an Wunder glaubt, ist kein Realist", sagte Altbundeskanzler Helmut Kohl, der sich hier nicht als Politiker, sondern als promovierter Historiker zu den Abläufen der Menschheitsgeschichte äußerte. Geschichte ist mehr als eine Fülle von Geschehnissen in einem rein irdischen Kreislauf. Das Eingreifen durch eine diesem irdischen Geschehen nicht unterworfene Macht darf nicht kategorisch ausgeschlossen werden. Eine einseitige Denkweise, die per Dekret jegliche metaphysische Möglichkeit als Unmöglichkeit abtut, ist kein ernstzunehmendes Instrument, das geschichtliches Wirken in seiner Ganzheit zu beschreiben vermag. Wenn es denn Gott gibt, dürfen seine Möglichkeiten nicht auf die unsrigen begrenzt werden, und wenn Gott in die Menschheitsgeschichte beispielsweise durch einen Magnus eingreift, wird das Übernatürliche ganz natürlich.

Typologische Denkweise

Das Denken zur Zeit des Mittelalters war von Typologien, das heißt von Ur- und Vorbildern stark geprägt. Personen oder Ereignisse wurden weniger als etwas Neues, Individuelles gesehen, sondern vielmehr als Wiederholung von Altem und Bekanntem, als geschichtliche Erfüllung des göttlichen Heilsplans. In der Magnusvita wird immer wieder dieser typologische Gedanke aufgenommen: Wie Jesus, so auch Magnus. Wie Jesus Blinde heilte, so auch Paulus und später Columban und Gallus und dann auch Magnus. Nicht nur die Lehre, sondern auch das Handeln Jesu wurde über seine Apostel auch an Columban und Gallus und später an Magnus weitergegeben und dadurch die heilsgeschichtliche Spur göttlichen Wirkens weitergeführt. Magnus wird dadurch zum Typus eines Apostels, bei dem sich die Kontinuität einer Wirkungsweise, die von Gott ausgeht, widerspiegelt. Indem Magnus unbeirrt und getreu dem Ruf Gottes und dem Vorbild der Apostel der Bibel folgt, wird er für die Bewohner des Allgäus selbst zu einem vollmächtigen Apostel. Die folgenden Abbildungen verdeutlichen die typologische Sichtweise, die Magnus als Weggefährte des Gallus und des Columban, trotz der zeitlichen Differenz, repräsentiert.

Nachahmung und Nachfolge

Die Magnusvita zeigt auf, dass die Nachfolge Jesu zur eigenen Reifung führt, die in der imitatio Christi, dem Wandel des Gläubigen im Geiste Christi, seine Vollendung findet. Diese Nachahmung ist Ausdruck der Nachfolge Christi selbst. Die Magnusvita vermittelt die Botschaft einer kompromisslosen Nachfolge und Nachahmung Christi. Ein präziser geschichtlicher Verlauf steht bei der Vita nicht im Vordergrund – es geht vielmehr darum, einen Menschen vorzustellen, der sich in besonderer Weise in den Dienst Jesu Christi gestellt hat, und so von ihm lernen zu können.

Magnus besiegt den Drachen. Im Hintergrund Gallus mit einem gezähmten Bären und Columban.
Kupferstich von Johann Asper aus der „Helvetia Sancta" von Heinrich Murer, Luzern 1648

Magnus als ein St. Galler Heiliger mit der Inschrift: „Der hl. Magnus, erst Schüler des hl. Columban, dann des hl. Gallus und dessen Nachfolger in der Klause und im apostolischen Dienst". Zeichnung von Pierre Wuilleret nach einem Kupferstich von Wolfgang Kilian, Augsburg 1630

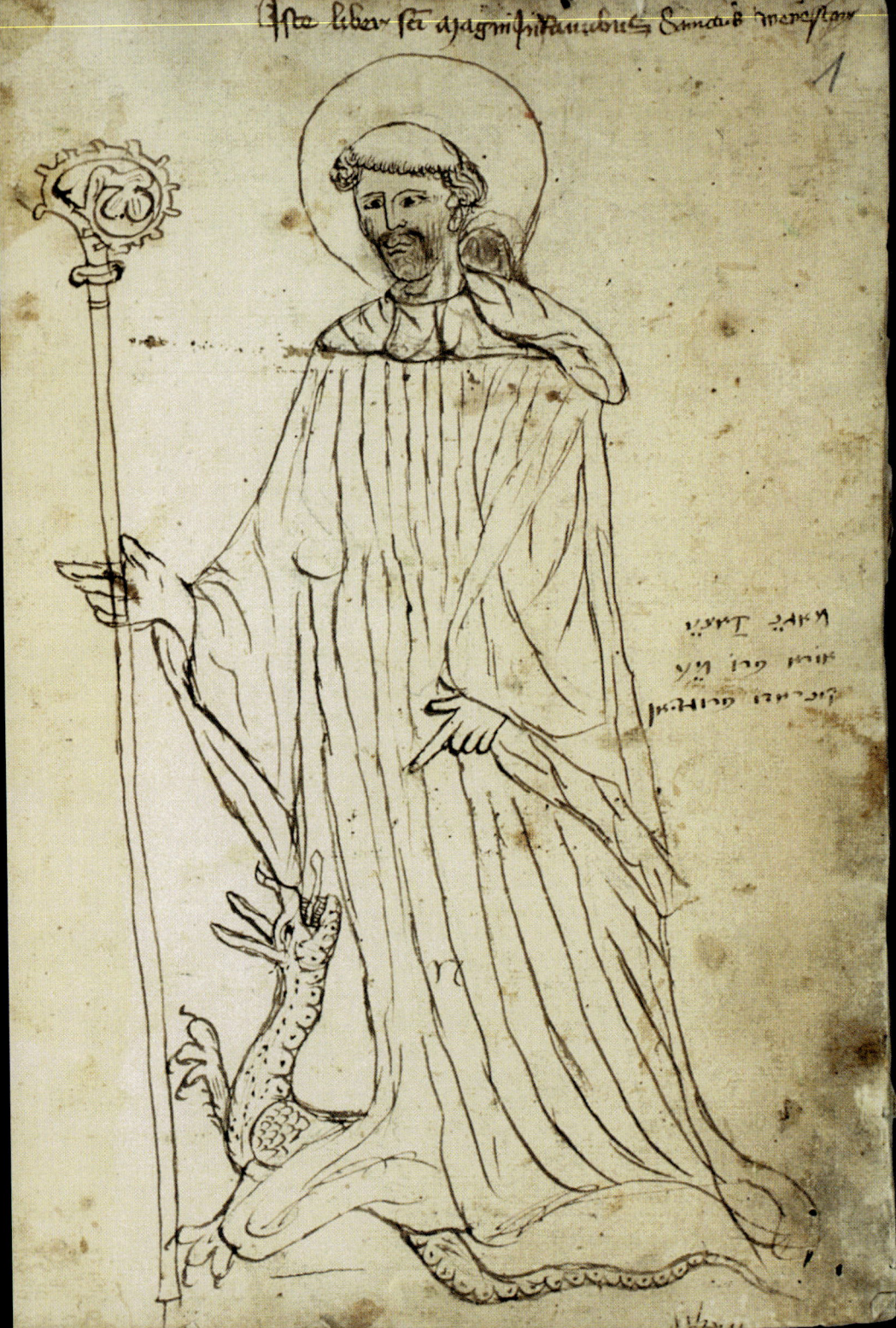

4

Das Leben des Magnus

- Wann genau hat Magnus gelebt?
- Drei für Magnus bedeutende Personen
  1. Der Priester Tozzo
  2. Abt Otmar und das Kloster St. Gallen
  3. Bischof Wikterp von Augsburg
- War Magnus Ire?
- Stationen des Magnus im Allgäu
  - Von St. Gallen über Bregenz nach Kempten
  - Von Kempten über Epfach – Roßhaupten – Waltenhofen nach Füssen
- Die Wirksamkeit von Magnus in Füssen
- Die Beziehung des Magnus zur kirchlichen Führung
- Die Beziehung des Magnus zur politischen Herrschaft

St. Magnus mit Drachen –
Füssen um 1500,
Augsburg, Universitätsbibliothek,
Cod. II.1.2°23

Wie können wir uns die Tätigkeit und den Dienst von Magnus konkret vorstellen? Was gibt es über ihn Detaillierteres zu sagen?

Wann genau hat Magnus gelebt?

Wer im Allgäu die Wirkstätten des Magnus aufsucht und Gedenktafeln, Schriften oder Internet-Artikel über ihn liest, kann etwas sehr Merkwürdiges feststellen. Die Angaben, wann Magnus gelebt hat, werden unterschiedlich wiedergegeben. So legte die Stadt Füssen den Todestag des Magnus in das Jahr 750, während beispielsweise auf einer Gedenktafel des Heimatvereins Kempten das Jahr 772 angegeben wird. Andere bleiben vage in der Zeit zwischen 744 und 778. In der entscheidenden Passage der Magnusvita zur näheren Bestimmung seiner Chronologie heißt es:

„Als nun fünfundzwanzig Jahre vergangen waren, starb Bischof Wikterp am vierzehnten Tag vor den Kalenden des Mai (18. April). Danach wurde Tozzo von Pippin, dem ruhmreichen König, auf Benennung des heiligen Magnus noch in dessen letzten Lebenstagen zu bischöflichen Ehren befördert. Aber am Ende des sechsundzwanzigsten Jahres wurde der heilige Vater krank und schwach von einem Fieber nach sechzehn Tagen Leiden und nach sechsundzwanzig Jahren seines Gebetes in jenem Kloster, insgesamt aber nach dreiundsiebzig Lebensjahren. Im hohen Greisenalter, am heiligen Sonntag, am achten Tag vor den Iden des September (6. September) gab er an jenem Sonntag um die neunte Stunde seine heilige Seele Gott zurück."

Der Füssener Auffassung entsprechend wurde im Jahre 743 die Zelle in Kempten durch die Franken stark in Mitleidenschaft gezogen, sodass Theodor schließlich nach dem Tod von Magnus die Kemptener Zelle aufgab und in sein Mutterkloster nach St. Gallen zurückkehrte. Von da sandte Abt Otmar den Mönch Perechtgoz und kurz darauf kam Audogar nach Kempten, der die Zelle im Jahre 752, wie der Reichenauer Mönch Hermann der Lahme im 11. Jahrhundert schreibt, neu errichtete. Daher muss Magnus vor dem Jahr 752 gestorben sein. Da Magnus laut Vita an einem 6. September starb, und der 6. September des Jahres 750 ein Sonntag war, wurde das Todesjahr des Magnus auf das Jahr 750 festgesetzt. Einige sehen auch ganz einfach in der runden Zahl die Wahl des Jahres 750. Dieser chronologischen Einordnung folgte die Stadt Füssen und feierte daher im Jahre 2000 das 1250-jährige Jubiläum des Magnus.

Der Chronik des Benedikt zufolge bestattete Bischof Wikterp noch den ersten Abt Lantfrid von Benediktbeuren im Jahre 770 und starb daraufhin 771. Tozzo wurde ein Jahr nach dem Tode Wikterps auf Empfehlung von Magnus zum Augsburger Bischof eingesetzt. Magnus erlebte dessen Einsetzung, wie es in der Vita heißt, „in seinen letzten Lebenstagen". Dies spricht für 772 als Todesjahr des Magnus. Auch der 6. September des Jahres 772 war ein Sonntag. Die Augsburger Bischofschroniken richten sich nach dieser Datierung und geben das Todesjahr Wikterps mit dem Jahr 771 an. Persönlich halte ich das Todesjahr des Magnus im Jahre 772 für überzeugender, auch wenn dies zur Folge hat, dass dann die Füssener 1250-Jahr-Feier 22 Jahre zu früh stattgefunden hat.

Magnus exakt chronologisch zu erfassen, gestaltet sich als sehr schwierig, weil die einzige dafür verfügbare Quelle, die Magnusvita, äußerst unterschiedlich interpretiert wird. Dies gilt auch für die Jahreszahl 772, die nur ein Annäherungsversuch sein kann. Selbst streng wissenschaftlich argumentierende Werke nennen meist, nachdem sie auf die dünne Quellenlage hingewiesen haben, konkrete Zahlen. Daher nehmen wir uns ebenfalls diese Freiheit und geben den Lebenszeitraum des Magnus in der Zeit von 699 bis 772 an.

Ehemalige Gedenktafel des Heimatvereins Kempten der St.-Mang-Kirche mit der Datierung 772 als Todesjahr des Magnus

1. Der Priester Tozzo

Tozzo, über den lediglich die Magnusvita berichtet, wird als Einheimischer bezeichnet, der als Prediger und Seelsorger im Allgäu umherzog. Er lebte in der Gegend um Epfach und kannte daher Land und Leute. Von Epfach her wird ihn auch Wikterp gekannt haben, der ihn dann bat, nach St. Gallen zu gehen, um dort Abt Otmar um Hilfe zu bitten. Als Ortskundiger wird Tozzo für Magnus als eine Art Scout und anfangs möglicherweise auch als Dolmetscher fungiert haben. Über die gesamte Wirkungsdauer von 26 Jahren, in denen sich Magnus bis zu seinem Tod im Allgäu befand, blieb Tozzo in der unmittelbaren Nähe zu Magnus. Er könnte daher, wie bereits erwähnt, nach der iroschottischen Lebensweise der Seelenfreund (anamchara) des Magnus gewesen sein. Tozzo galt als ein enger Vertrauter Wikterps und folgte ihm ein Jahr nach dessen Tod im Jahre 772 als Bischof von Augsburg nach, wo er 778 starb. 772 beerdigte Tozzo als Bischof von Augsburg seinen langjährigen Gefährten Magnus.

Nach dieser Auffassung folgt, dass Magnus am 6. September 772 im Alter von 73 Jahren gestorben ist und er dementsprechend 699 geboren wurde. Da Magnus 26 Jahre lang bis zu seinem Tod im Allgäu wirkte, verließ er folglich 746 im Alter von 47 Jahren die Abtei in St. Gallen. Der endgültige fränkische Sieg über die alemannischen Herzöge im Jahre 746 in Cannstatt könnte ein Auslöser für die Anfrage des Wikterp an St. Gallen gewesen sein, da die politische Instabilität aufgrund der ständigen Auseinandersetzungen zwischen Alemannen und Franken nun ihr Ende fand und einem Missionswirken unter den Allgäuer Alemannen nichts mehr im Wege stand. Dafür spräche auch, dass Magnus und Theodor unmittelbar nach dieser Zeit der Unruhen im Jahre 746 nach Kempten kamen und eine, wie es in der Vita heißt, verödete Stadt vorfanden.

Drei für Magnus bedeutende Personen

Drei Personen spielten im Leben des Magnus eine wesentliche Rolle. Zum Ersten Tozzo, sein Weggefährte. Zum Zweiten Abt Otmar von St. Gallen, der Magnus von seinem Kloster in das Allgäu entsandte. Zum Dritten Bischof Wikterp, auf dessen Initiative hin Magnus in das Allgäu kam.

2. Abt Otmar und das Kloster St. Gallen

Der um 550 in Irland geborene Gallus blieb auf seiner Pilgerschaft mit Columban im Jahre 611 in Bregenz zurück und setzte dort seine rege Missionsarbeit fort. Im nahe gelegenen Steinachtal wählte er einen Ort für die Zellniederlassung und machte sich mit seinen Helfern ans Werk. Der Überlieferung zufolge soll Gallus über einen Dornenbusch gestolpert sein und dies als Zeichen Gottes gedeutet haben, an dieser Stelle eine Zelle zu errichten.

Gut 100 Jahre nach Gallus wuchs die Missionszelle unter Abt Otmar zu dem ansehnlichen Kloster St. Gallen heran. Jener Otmar, der später einen seiner Mönche, Magnus, in das Allgäu schicken sollte. Nach der Ermordung des alemannischen Adels durch die Franken in Cannstatt im Jahre 746 kamen auch die Reste alemannischer Eigenständigkeit zunehmend unter den Einfluss fränkischer Interessen. So geriet auch das Kloster St. Gallen mit seinem Abt Otmar, als dem alemannischen Bereich zugehörend, unter fränkische Herrschaft und wurde vom fränkischen Hausmeier Karlmann angehalten, die Benediktinerregel einzuführen. Dies entsprach der fränkischen Strategie der Vereinheitlichung aller Reichskirchen und Klöster. Als Karlmann im Jahre 747 nach Italien zog, um sich dort ins klösterliche Leben zurückzuziehen, übergab er daher Abt Otmar die Regeln des Benedikt zur Einführung. Otmar fügte sich, historischen Quellen zufolge, der neu angeordneten Mönchsregel und wurde im Gegenzug durch Landschenkungen belohnt.

Gallus findet durch göttliche Fügung den Platz, wo er eine Missionszelle errichtet, aus der das Kloster St. Gallen hervorgeht. Alexander Zick

Wenn die Mönchsregel des Benedikt im Jahre 747 unter Druck angeordnet wurde, spricht dies dafür, dass zuvor im Kloster St. Gallen eine andere Regel gegolten haben muss. Welche sollte dies in einem iroschottisch gegründeten Kloster wohl sein, wenn nicht die iroschottische Regel selbst? Aufgrund dieser Zusammenhänge ist davon auszugehen, dass Magnus, bis er im Jahre 746 das Kloster St. Gallen in Richtung Allgäu verließ, in einem nach den Mönchsregeln des Columban gegründeten iroschottischen Kloster lebte.

Der in der Domschule Chur erzogene Alemanne Otmar wurde nach seiner Priesterweihe 719 zum Vorsteher der von Gallus gegründeten Zelle. Er soll sich selbst schlicht gekleidet haben und bewusst nur auf einem Esel statt auf einem Pferd geritten sein. In St. Gallen ließ er eine Armenherberge errichten sowie ein Siechhaus für unheilbare Aussätzige, Blinde und Kranke, die er nachts teilweise selbst betreute. Dieser eigens für kranke Menschen bestimmte Bau gilt medizingeschichtlich als älteste Einrichtung dieser Art in der Schweiz. Das Kloster St. Gallen hatte eine für damalige Zeiten reiche Kenntnis in der Pflanzenheilkunde, die es ermöglichte, vielen Gebrechen der Menschen wirksam zu begegnen. Das karitative Wirken Otmars brachte ihm und seinem Kloster eine enge Verbindung mit den Alemannen. Kurzum: Unter Otmar blühte das Kloster in St. Gallen auf und wurde zum Anziehungspunkt für die gesamte Umgebung.

Die Art und Weise, wie Otmar unter den Menschen wirkte, entsprach dem umfassenden Missionsansatz iroschottischer Mönche. Es ging darum, den Menschen, wie in unserem Fall den Alemannen, nicht nur das Evangelium zu predigen, sondern es auch so zu leben, dass den konkreten Nöten tatkräftig begegnet wurde. Magnus selbst wird bei alledem Hand in Hand mit dem nur wenig älteren Otmar mitgewirkt haben. Wenn er in jener Zeit Mönch in St. Gallen gewesen ist, dann lässt sich davon ausgehen, dass er auch

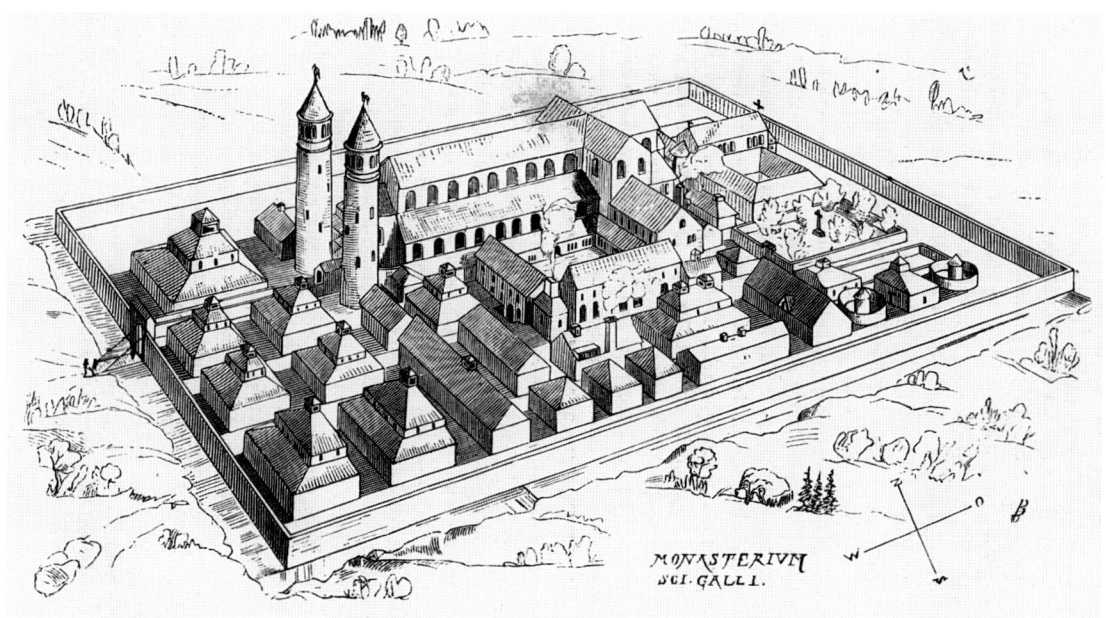

Zeichnung von Karl Lasius, 1876, nach dem Bauplan des Klosters St. Gallen um 820, circa 50 Jahre nach Magnus

beim Bau des ersten Krankenhauses in der Schweiz und bei der Errichtung einer Armenherberge beteiligt war.

Warum bat der Augsburger Bischof Wikterp ausgerechnet das iroschottische Kloster St. Gallen bei der Missionierung des Allgäus um Hilfe? Zum Ersten weisen die politischen Hintergründe, wie wir sahen, darauf hin, dass man den frankenfeindlichen alemannischen Allgäuern mit fränkischen Missionaren gar nicht erst zu kommen brauchte. Zum Zweiten zeigten die iroschottischen Mönche in St. Gallen nachdrücklich, dass die Verkündigung des Evangeliums in Wort und Tat auch die Herzen einer alemannischen Bevölkerung zu erreichen vermochte. Abt Otmar wird aufgrund der Anfrage von Bischof Wikterp überlegt haben, wer in seinem Kloster die Fähigkeit besaß, Missionszellen unter den Alemannen des Allgäus zu gründen, welcher seiner Mönche das Herz und die Gaben in sich trüge, das Evangelium kraftvoll in das Allgäu zu tragen. Nur einer, der

sich über Jahre bewährt hatte, konnte nach iroschottischer Auffassung gesandt werden, eigene Zellen des Evangeliums zu pflanzen. Einer, der nicht zu jung und unerfahren, aber auch nicht zu alt sein durfte. Seine Wahl fiel auf den 47-jährigen Magnus.

So entsprach Abt Otmar von St. Gallen dem Wunsch des Augsburger Bischofs und schickte im Jahre 747 zwei Mönche seines Klosters, Magnus und Theodor, in das Allgäu. Wobei St. Gallen als Mutterkloster agierte und die neu gegründeten Missionszellen im Allgäu begleitete. Diese Verbundenheit zwischen St. Gallen und beispielsweise der in Kempten errichteten Missionszelle kommt auch darin zum Ausdruck, dass bei der Rückkehr Theodors von Kempten nach St. Gallen Abt Johannes (759–782) ihn sogleich aufnahm und an seiner Stelle Perechtgoz zur Fortführung der Missionsaufgabe nach Kempten entsandte.

3. Bischof Wikterp von Augsburg

Der Augsburger Bischof Wikterp (auch Wigbert oder Wiggo) ist für die Missionierung des Allgäus von Bedeutung, da durch seine Initiative Magnus in das Allgäu kam und er ihn in seiner Missionsarbeit stark unterstützte. Um das Allgäu mit dem christlichen Glauben zu durchdringen, sandte Bischof Wikterp den Priester Tozzo nach St. Gallen, um dort fähige und „neutrale", das heißt nichtfränkische Missionare zur Mithilfe zu bitten. Wollte man im Allgäu dem Christentum in überzeugender Weise zum Sieg verhelfen, so war es klug, den Allgäuern nicht mit den ihnen verfeindeten fränkischen Missionsboten zu kommen.

Der wohl aus der bayrischen Agilofinger Herzogsdynastie stammende Wikterp wurde vermutlich in dem zwischen Augsburg und Füssen liegenden Epfach am Lech geboren. In Epfach besaß er ein eigenes Gut und eine eigene kleine Kirche, die er nach seinem Tode der Augsburger Bischofskirche vermachte. Wikterp findet in einem Schreiben von Papst Gregor III. an die deutschen Bischöfe im Jahre 738 erstmals Erwähnung und ist damit der erste urkundlich belegte Bischof Augsburgs. In seine Amtsperiode fallen die Kirchengründungen in Füssen, Waltenhofen, Kempten und Benediktbeuren. Dass der auf der Synode von Neuburg von Bonifatius abgesetzte Wiggo, Bischof von Neuburg am Staffelsee, identisch mit Bischof Wikterp von Augsburg ist, ist zwar wahrscheinlich, gilt aber beim gegenwärtigen Forschungsstand als noch nicht sicher. Einige Historiker weisen darauf hin, dass Wikterp jener falsus sacerdos (falsche Priester) in Bayern gewesen sei, der sich weigerte, den Anweisungen des Bonifatius zu gehorchen, keinen Kontakt mit iroschottischen Priestern aufzunehmen. Gerade wenn Wikterp das iroschottische Kloster St. Gallen um Hilfe bat, könnte dies im Widerspruch zu der Anweisung des Bonifatius gestanden haben.

Abodiacum, das heutige Dorf Epfach, war zu Römerzeiten ein wichtiger Handelsort im Schnittpunkt zweier Handelsstraßen (Via Claudia Augusta und Kempten–Salzburg). In dem Ort Abodiacum besaß Wikterp eine eigene kleine Kapelle.
In Epfach gab es frühe Spuren christlichen Wirkens. So fand man auf dem Lorenzberg bei Epfach eine Lampe aus dem 4. Jahrhundert mit Christusmonogramm, die in der Prähistorischen Staatssammlung in München ausgestellt ist.
Römerstandbild, am Ortseingang von Epfach.

War Magnus Ire?

Die Einschätzungen, ob Magnus Ire, Alemanne oder Rätoromane war, gehen weit auseinander. Begründungen, warum Magnus Alemanne oder Rätoromane gewesen sein sollte, sind wenig überzeugend. Hingegen sprechen vier Bereiche für eine iroschottische Prägung.

1. Der historische Rahmen

Das Kloster St. Gallen war eine iroschottische Mönchsgründung und dieser Ordensidentität zur Zeit des Magnus noch klar verbunden. Für einen Iren auf seiner Peregrinatio bot sich das Kloster St. Gallen als natürliche Anlaufstelle an. Dass sich Bischof Wiggo über die Anweisung des Bonifatius hinwegsetzte, keinen Kontakt mit iroschottischen Wanderpredigern aufzunehmen, würde sehr gut zu Bischof Wikterp und seiner Unterstützung von Magnus passen, wenn dieser Iroschotte gewesen sein sollte.

2. Die Art der Magnusvita

Es fällt auf, dass die Magnusvita nicht einen einzigen Bezug zu den Benediktinerregeln enthält, während ihre gesamte Gestaltung der irischen Peregrinatio, die das Herzstück iroschottischen Mönchtums darstellt, entspricht. Die Kernaussage der Vita besteht in einer geistlichen Linie, die von den Iren Columban und Gallus auf Magnus übergeht. Magnus steht unmittelbar in dieser geistlichen Tradition der irischen Wandermönche. Seine missionarische Vorgehensweise und seine ganze Pilgerschaft sind Ausdruck einer iroschottischen Peregrinatio.

3. Die Auskunft der Magnusvita selbst

Auf die Frage des Bischofs Wikterp an Tozzo, woher denn dieser vollmächtige Magnus stamme, antwortete Tozzo: „Herr, wie ich von Theodor, der nun in Kempten geblieben ist, gehört habe, stammt er aus Irland". Welchen Sinn sollte es gehabt haben, in der Vita Magnus als Iren auszugeben, wenn er keiner war? Der fränkische Kontext jener Zeit und der Geschichtsschreibung hätte es vermutlich lieber gesehen, wenn Magnus kein Ire gewesen wäre.

4. Spätere Überlieferungen und Abbildungen

In späteren Überlieferungen wird Magnus als ein aus dem iroschottischen Kloster kommender Iroschotte beschrieben. Auch in zahlreichen Darstellungen wie dem bekannten Fresko in der Füssener Krypta ist Magnus in unmittelbarer Nachfolge zu dem Iren Gallus abgebildet.

Der historische Rahmen, die Art und die Aussagen der Magnusvita, die späteren Überlieferungen wie auch die gesamte missionsstrategische Vorgehensweise des Magnus sprechen deutlich dafür: Magnus war Ire!

Stationen des Magnus im Allgäu

Von St. Gallen über Bregenz nach Kempten

Auf dem Weg von St. Gallen in das Allgäu gelangte Magnus zunächst in das etwa 40 Kilometer entfernte Bregenz am Bodensee, wo er einen Blinden heilte. Aufgrund der Heilung äußerte dieser die Absicht, Magnus nachzufolgen, worauf Magnus zustimmend erwiderte: „Wenn du dem Herrn dienen willst, folge mir nach." Damit wird das zentrale Thema der Nachfolge Christi angesprochen, zu deren Aufruf Magnus sich in das Allgäu aufmachte. Der geheilte Blinde schloss sich Magnus und Theodor auf den Weg nach Kempten an.

Heilung eines Blinden in Bregenz, um 1135. Gut zu erkennen sind die abgekürzten Inschriften: „Magnus", der am Ufer des „Lacvs" (Bodensees) vor der Stadt „Bgantiv" (Bregenz) einen „Cevus" (Blinden) heilt.
St. Gallen, Stiftsbibliothek, Cod. Sang. 565

Als Magnus und Theodor im Jahre 747 in das Allgäu kamen, erblickten sie von einem Hügel aus zum ersten Mal Kempten, eine schön gelegene, aber auch verödete Stadt. Die Vita bezeichnet sie als „in toto desertum", was mit „völlig verwüstet" übersetzt werden kann. Die Straffeldzüge der Franken gegen die rebellischen Alemannen hatten ihre Spuren hinterlassen. Eine verödete oder verwüstete Stadt ist nicht unbedingt gleichzusetzen mit einer menschenleeren Stadt. Es ist davon auszugehen, dass in Kempten Menschen siedelten und auch vereinzelt christliches Gut zugegen war.

Kaum in Kempten angelangt, kam es zu einer intensiven Bewährungsprobe, in der Magnus die Riesenschlange Boa besiegte, die die Bewohner in Angst und Schrecken gehalten hatte. Worauf die Menschen aufatmeten und die Gegend als ihre Wohnstätte wieder annahmen. Die Auslegungen, was oder wer denn mit der Schlange Boa gemeint sein könnte, sind unterschiedlich. Manche sehen in der Schlange eine Versinnbildlichung der Wildnis und der Naturgewalten. Magnus bändigte diese Schlange, das heißt die Naturgewalten, und machte so die Gegend wieder bewohnbar. Der Mann, der eine Gegend der Kultur erschloss, Wälder rodete, die Äcker mit Hacke und Pflug urbar machte, musste erst die Ungeheuer besiegen und das Gewürm der Sümpfe vernichten. Ist für eine solche Auslegung aber dieses dramatische Bild in Form einer Schlange angemessen? Eine schlüssigere Deutung folgt weiter unten im Zusammenhang mit der Drachentötung in Roßhaupten.

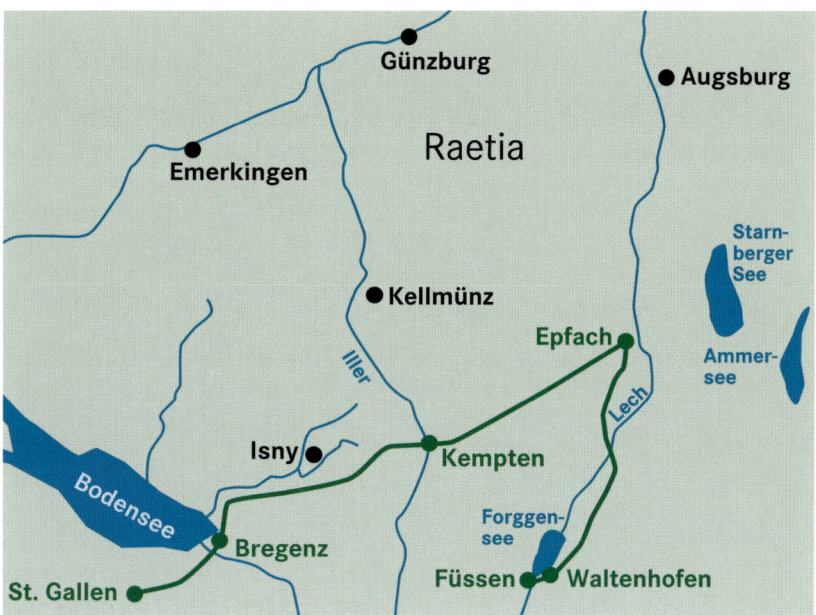

Der Weg des Magnus von St. Gallen über Bregenz – Kempten – Epfach– Waltenhofen nach Füssen

Magnus verkündigt den Bewohnern des Allgäus das Evangelium. Deckengemälde in der Kirche St. Magnus in Geislatsried, von Franz Osterried im Nazarenerstil 1861/ 1862 geschaffen

Nach dem siegreichen Kampf begann Magnus das Evangelium in Kempten zu predigen. Die Verkündigung führte Fernstehende dem christlichen Glauben zu. Es wird immer wieder berichtet, dass die iroschottischen Mönche wortgewaltige Bußprediger von erschütternder Kraft gewesen sind. Magnus scheint hier keine Ausnahme gewesen zu sein. Die iroschottischen Mönche waren sich dessen bewusst, dass man nicht Christ sein kann, ohne es zu werden, und dass dazu die Verkündigung des Evangeliums und eine eigenständige Entscheidung, Gott nachzufolgen, unabdingbar sind. Die Predigt des Magnus forderte die Zuhörer offensichtlich zu einer Entscheidung für den christlichen Glauben auf.

Nach der Vita verweilte Magnus bei seinem ersten Aufenthalt lediglich eine Woche in Kempten. Zeit genug, um die Grundanordnung und Beauftragung für eine Missionszelle zu geben. Was der Bau einer solchen Zelle konkret bedeutete und für die Menschen der Umgebung bewirkte, wurde bei der Betrachtung iroschottischer Zellen bereits dargestellt. Eine Keimzelle, ein neuer Mittelpunkt des Evangeliums sollte damit gebildet werden, dessen Dynamik sich als weit stärker und nachhaltiger erweisen sollte, als sie dem heidnischen, alemannischen Zirkel innewohnte. So ließ Magnus Theodor mit dem in Bregenz geheilten Blinden in Kempten zurück und ordnete, nachdem sie ein kleines Bethäuschen errichtet hatten, den Bau einer Missionszelle an, während er selbst mit Tozzo nach Epfach weiterzog.

Von Kempten über Epfach – Roßhaupten – Waltenhofen nach Füssen

Magnus und Tozzo gingen nach Epfach weiter, um Bischof Wikterp von Augsburg zu treffen, der sich des Öfteren in Epfach aufhielt und dort, wie erwähnt, eine eigene kleine Kapelle besaß. Nach gemeinsamer Besprechung und Gebet zeigte sich Wikterp von der Wirksamkeit des Magnus überaus angetan und segnete ihn für sein Vorhaben, bei Füssen eine Missionszelle zu gründen. Auf dem Weg nach Füssen kamen sie an der alemannischen Kultstätte Roßhaupten vorbei, wo Magnus einen die Bevölkerung drangsalierenden Drachen besiegte. Die Tötung des Drachen durch Magnus war für die Menschen so befreiend und eindrucksvoll, dass bis heute zahlreiche Berichte und Darstellungen darüber zu finden sind. Von dem Drachenkampf bei Roßhaupten zeugt die rechte Abbildung, ein von Günther Zainer hergestellter Wiegendruck aus dem Jahr 1472.

Sowohl in Kempten als auch in Roßhaupten wirkte sich die Tötung der Schlange beziehungsweise des Drachens auf die Bevölkerung befreiend aus. Die Bewohner erhielten neue Lebenskraft und schöpften neuen Mut. Die in der Magnusvita beschriebenen Schlangen und Drachen werden zurecht mit dem Heidentum in Verbindung gebracht. Sie versinnbildlichen eine die Menschen gefangennehmende, widergöttliche Kraft. Die Landnahme der Alemannen im 5. Jahrhundert bedeutete eine Rückentwicklung in das Heidentum, die zum Beispiel durch die Boaschlange, der Magnus in Kempten entgegentrat, veranschaulicht wird. Roßhaupten galt als eine der zentralen alemannischen Kultstätten des Allgäus, wo dem Gott Wodan Pferde geopfert worden sein sollen. Dafür spricht, dass in einigen entdeckten alemannischen Reihengräbern Pferde ohne Haupt mitbestattet wurden. In der Magnusvita wird der Ort mit „caput equi", das heißt „das Haupt des Pferdes" wiedergegeben. Der von Magnus sieghaft gefochtene Kampf gegen Schlangen und Drachen bedeutet eine Auseinandersetzung mit der hinter dem Heidentum stehenden antigöttlichen Kraft, wodurch, wie die Vita besagt, wieder eine kultivierte Ansiedlung der Menschen ermöglicht wurde.

Drachenkampf bei Roßhaupten, Kuppelfresko der St.-Mang-Kirche in Füssen von Franz Georg Hermann, um 1720/21

Transkription des Textes

Der heilige Herr Sankt Mang begab
sich auf den Weg mit seinen Brüdern, und als sie an die Stätte kamen, die Roßhaupten hieß, da sagte man ihm, es läge ein großer Drache
da, der ließe keinen den Weg weitergehen.
Da sprach Sankt Mang zu dem
Priester Tozzo: Lieber Bruder, wir sollten diese
Nacht hierbleiben und sollten unseren Herrn
bitten, dass er den Drachen von dannen treibe.
Und sie blieben die Nacht da. Da betete Sankt
Mang die ganze Nacht und rief unseren Herrn
mit großer Innigkeit und bat ihn, dass er den Drachen vertreibe. Um Mitternacht sprach er zu Tozzo:
Schicke einen Menschen zu mir, der mich an
die Stelle führt, wo der Drache liegt. Da sprach dieser:
Lieber Bruder, ich fürchte, der Drachen wird dich
töten. Da sprach Sankt Mang: Hilft uns Gott,
so vermag niemand etwas gegen uns. Wir werden im
Namen Gottes gehen und werden uns Gott anvertrauen,
wie er Daniel erlöste in der Löwen-
grube. Als er das gesagt hatte, nahm er ein gesegnetes Brot in seine Tasche und nahm Pech und
Harz in seine Hand, hängte ein Kreuz an seinen Hals und trug des Sankt Gallus Stab mit sich.
Er ging hin und betete und sprach: Allmächtiger Gott, du hast mich hergeführt von einem fernen
Land. Und wie du Tobias deinen Engel sandtest,
so sende mir deinen Engel, dass er mich er-
löse von dem Drachen. Und zeige uns die heil-
same Stätte unserer Wünsche. Als er so gesprochen, da machte er ein Kreuz über sich und nahm
das geweihte Brot und tat es in seinen Mund.
Er kam an die Stelle, wo der Drache lag. Und
als ihn der Drache sah, stand er wütend
gegen ihn auf. Da nahm er das Pech und das Harz
und warf es dem Drachen heftig in den
Schlund und sprach: Hilf mir, Herr, mein Gott. Sofort
wurde der Drache verglüht und starb. Das
sah der, der bei Sankt Mang war, und dieser
lief zu seinen Gesellen und sprach: Kommt und
seht, Sankt Mang hat den Drachen getötet! Da
standen sie sogleich auf und fanden Sankt
Mang in sein Gebet vertieft, wie er dankte
unserem Herren für alle die Gnade, die dieser ihm
erwiesen hatte. Da sprach der Priester Tozzo: Herr,
wir danken dir und sagen dir Lob und Ehre dafür, dass
du uns gegeben hast einen heiligen Menschen, durch dessen Willen du die Stätte gereinigt
hast von dem Drachen, so dass man da nun wohnen
kann.

Erster Wiegendruck des deutschen Magnuslebens aus
„Der Heiligen Leben" von Günther Zainer aus dem Jahre
1472, von Christian Zimmermann, Roßhaupten, 2002
kalligrafisch gestaltet.

Magnus und Tozzo zogen nach dem siegreichen Kampf bei Roßhaupten weiter, und an einem, wie es heißt, angenehmen Ort kurz vor Füssen hielt Magnus inne. Bei einer anmutigen Stelle, wo ein prachtvoll blühender Apfelbaum stand, hängte er sein kleines Kreuz auf, kniete nieder und betete mit Tozzo, dass sie genau hier eine Zelle errichten wollten.

Wenngleich der Name des Ortes in der Vita unerwähnt bleibt, ist nach den Füssener Chroniken aller Voraussicht nach der Ort Altenhofen, das heutige Waltenhofen (am Forggensee), drei Kilometer nordöstlich von Füssen, gemeint. In der Tat wurden bei Ausgrabungen im Jahre 1989 in der heutigen Pfarrkirche St. Maria und St. Florian in Waltenhofen vorromanische Grundmauern einer kleinen Kapelle (sechs auf sechs Meter) aus dem 8. Jahrhundert entdeckt. Ein eindrücklicher Hinweis für die Glaubwürdigkeit der Beschreibung der Magnusvita.

Tozzo entfaltete in Waltenhofen eine breite Missionstätigkeit und scheint bis zu seiner Ernennung zum Augsburger Bischof im Jahre 772 in dieser Zelle geblieben zu sein. Dort wirkte er als Pfarrer und versah seelsorgerliche Dienste, wobei ihm besonders die Belehrung des Volkes am Herzen lag. Da sich Magnus später in dem nur drei Kilometer entfernten Füssen niederließ, ist davon auszugehen, dass Tozzo und Magnus in den folgenden 25 Jahren in einem engen Miteinander in dieser Gegend wirkten. Wobei sich die Zelle in Waltenhofen, im Gegensatz zu Füssen, nicht zu einer Klosterniederlassung entwickelte. Wie lange Magnus mit Tozzo in der Gründungsphase in Waltenhofen tätig war und wann Magnus nach Füssen aufbrach, geht aus der Vita nicht hervor und ist in Anbetracht der geringen Entfernung zwischen den beiden Orten auch unerheblich. Über einen Zeitraum von 26 Jahren hat Magnus seine Tätigkeit in der Missionszelle Waltenhofen und vor allen in Füssen bis zu seinem Tod hin entfaltet.

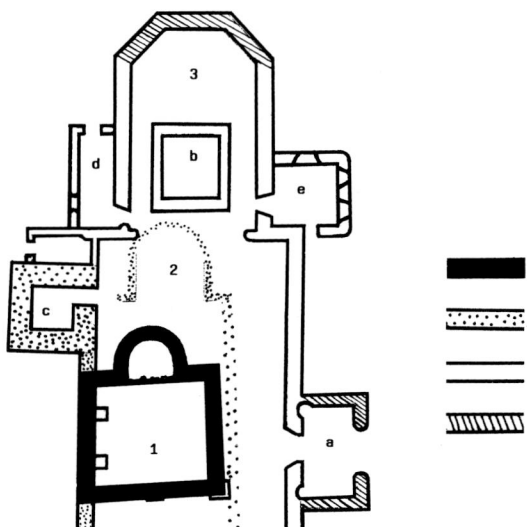

Grundriss der heutigen Kirche in Waltenhofen mit der Urkirche des Magnus.
Zeichnung, Magnus Peresson

a Vorzeichen (gotisch)
b Gruft der Edlen von Schwangau (um 1300)
c Turm (romanisch/gotisch)
d „Gluthäusle" (Beichtzimmer)
e Sakristei (um 1757)

Urkirche (vorromanisch), 8. Jahrhundert, sog. Magnuskirche

2. Kirche (romanisch), 10./11. Jahrhundert

3. Kirche (gotisch), 1. Hälfte des 14. Jahrhunderts

Chorraum im 16. Jahrhundert

Die Wirksamkeit von Magnus in Füssen

Der Magnusvita zufolge zog die wundersame Wirksamkeit des Magnus in der Waltenhofener Zelle eine solche Menschenmenge an, dass Magnus sich aufmachte, um einen beschaulicheren Platz zu suchen. Dieser neue Platz, den er in Füssen fand und auf dem heute aller Voraussicht nach die Annakapelle steht, ist nur wenige 100 Meter von der Lechschlucht entfernt und in der Tat einer der schönsten, von imposanter Natur umgebenen Orte des Allgäus. Die Tätigkeit des Magnus wirkte sich auf die Füssener Lebenskultur seiner Zeit aus. Die Vita spricht von einer kontinuierlichen Vertreibung und Vertilgung widergöttlicher Kräfte, die als Schlangen, Drachen und Dämonen beschrieben werden.

Aus der Magnus-Vita von Abt Martin Stempfle aus dem Jahre 1665 heißt es dazu: Als nun der hl. Magnus „umb Mittagszeit ruhete, sihe da liessen sich die bösen Geister urblützlich von dem negsten Berg mit grossem Getümmel hören, welche den andern ihren Gesellen, so sich in dem Fluß deß Lechs auffhielten, gleichsamb mit Namen rufeten... Schryen die Teuffel von dem Berg herunder: Auff, auff kombt uns zu Hilff, damit wir disem allerbösesten Zauberer von disem Ort vertreiben, denn er gleich wie Gallus unsere Bildnussen zerschmettert und das Volck so uns nachgefolgt, abwendig und ihme anhängig gemacht.“

Magnus umgeben von bösen Geistern, die sein Missionswirken zu verhindern suchen, aber von ihm siegreich in die Flucht geschlagen werden. Fresko der St.-Mang-Kirche in Füssen von Franz Georg Hermann, 1721

Als Magnus in der Füssener Gegend angekommen war, soll er einen Drachen in Schlangengestalt angetroffen haben. Um das Ungeheuer zu vertreiben, sprang er unerschrocken mit einem Satz über die tiefe Schlucht des Lechs. Am anderen Ufer hielt Magnus dem Drachen das Kreuz entgegen, worauf das Untier in den Abgrund stürzte und nie wieder in und um Füssen gesehen wurde. Die angebliche Absprungstelle von Magnus soll sich am Ortsausgang von Füssen, in der Nähe vom Lechfall, befunden haben. Der legendenumwobene „Magnus-Tritt", eine fußförmige, ovale Vertiefung im Fels, hat sich bis heute erhalten.

Durch Magnus setzte eine Kultivierung jener Gegend ein. Seine umfassende Wirksamkeit wird durch seinen Eisenerzfund verdeutlicht. So wurde die wirschaftlich sehr schwierige Lebenssituation sowohl der Bevölkerung als auch der neu gegründeten Missionszellen merklich verbessert. Noch Ende des 10. Jahrhunderts entrichtete Graf Rudolf, der Welfe, zu dessen Besitz Füssen damals gehörte, eine Steuer aus seinen dortigen Bergwerken an das Kloster St. Gallen. Tatsache ist, dass der Bergbau am Säuling, den es zur Zeit der Römer bereits gegeben hatte und der dann eingestellt worden war, zur Zeit des Magnus neu auflebte und bis in das 18. Jahrhundert hinein bestand. Während es Magnus in Kempten hauptsächlich darum ging, den Garten vom Unkraut zu befreien und durch Theodor erweitern zu lassen, sah er sich in Füssen auch dazu berufen, zu säen und zu pflügen.

Als Magnus bereits einige Jahre in Füssen gelebt hatte, besuchte ihn der in der Kemptener Missionszelle wirkende Theodor. In Füssen angekommen, berichtete ihm Theodor, wie er von den Leuten des Illergaus viel erleiden und Ungerechtigkeit erdulden müsse, es ihm aber dennoch gelungen sei, eine Kirche aus Stein am Ufer der Iller zu errichten, die nun Bischof Wikterp einweihen solle. Daraufhin reiste Magnus mit Theodor nach Epfach, wo sie Wikterp in seiner Kapelle betend vorfanden. Dort teilte Wikterp dem Magnus mit, er wolle ihn aufgrund seiner großen Wirksamkeit vom Diakon zum Priester weihen. Gemeinsam gingen sie nach Kempten und weihten dort die neue Kapelle wohl im Jahre 752 ein, wobei die kraftvolle Predigt des Magnus besonders hervorgehoben wird. So heißt es von Magnus, dass er seine Predigt in das große Licht seiner Weisheit kleidete, die Menschen ihm mit starkem Beifall lauschten und ihn mit unsagbarer Achtung und Ehrerbietung überschütteten.

Magnus springt über die tiefe Lechschlucht, in der erhobenen Rechten das Kreuz, in der Linken den Stab. Hinter ihm die entsetzten, betenden Mitbrüder. Gemälde im Heimathaus Pfronten, von Franz Osterried, um 1862.

Nach dem Empfang der Priesterweihe im Jahre 752 wird Magnus Abt genannt. Wikterp sandte einige Kleriker zu Magnus, die als seine Schüler in das Ordensleben eingeführt werden sollten. Dies bedeutet, dass Magnus als Abt in Füssen die Schulung und Ausbildung von Geistlichen leitete, die zum Beispiel im Auswendiglernen von Psalmen, im Lesen und Schreiben und in der Lektüre von Schriften der Kirchenväter bestand.

Ob in der Klosterschule des Magnus in Füssen ein eigenes Skriptorium entstand, kann vom gegenwärtigen Stand der Forschung aus nicht näher bestimmt werden. Eine im 9. Jahrhundert geschriebene Benediktinerregel und ein ebenso altes Evangeliar sowie weitere karolingische Handschriften weisen zumindest auf eine deutliche Klostertätigkeit in dieser Zeit hin. Magnus soll als Abt nachweislich Erfolg gehabt haben, seine Schüler werden nämlich als „gehorsam, im Gottesdienst eifrig und von göttlicher Liebe erfüllt" geschildert.

St. Magnus als Abt des Klosters in Füssen, Gemälde aus der Klosterkirche St. Lazarus in Seedorf (Kanton Uri), 1733.

Evangeliar (Buch mit den vier Evangelien des Neuen Testamentes), um 860, aus dem Füssener Kloster. Über dem Gebälk sind die vier Symbole der Evangelisten abgebildet. Der Mensch versinnbildlicht Matthäus, der Löwe Markus, der Stier Lukas und der Adler Johannes.

Die Beziehung des Magnus zur kirchlichen Führung

Magnus lebte inmitten einiger nicht unerheblicher Verstimmungen zwischen den iroschottischen Mönchen und der katholischen Kirche. Bonifatius erhielt von Papst Gregor III. im Jahre 738 die Aufgabe, die fränkischen Reichsgebiete in kirchliche Verwaltungsbezirke, sogenannte Diözesen oder Bistümer, aufzuteilen. Das Wichtigste an diesem organisatorischen Aufbau war die enge Anbindung an den Papst in Rom als das Oberhaupt aller Bistümer. Bonifatius begann so auch in Bayern mit der Einrichtung einer Kirchenhierarchie. Mit Zustimmung des Herzogs Odilo und im Anschluss an die politische Gliederung teilte er das Land in vier Diözesen: Salzburg, Freising, Regensburg und Passau. Durch Visitationen und Synoden sicherte er den inneren Aufbau der neuen Bistümer.

Mithilfe dieser bayerischen Bistumsorganisation versuchte die katholische Kirche durch ihren Legaten Bonifatius, die „freien" Klostergründungen in den Griff zu bekommen. So forderte Papst Gregor III. die christlichen Bischöfe 738 auf, Missionare in die noch nicht zum christlichen Glauben bekehrten Gebiete zu entsenden, warnte aber zugleich auf Betreiben des Erzbischofs Bonifatius vor den irischen Missionaren. Ziel von Bonifatius war es auch, den Einfluss der Wanderbischöfe ohne festen Amtsbezirk zugunsten einer streng durchorganisierten Diözesanverfassung zurückzudrängen. Bonifatius bezeichnete die irischen Mönche als Irrlehrer, da sie die Befehlsgewalt des Papstes nicht bedingungslos anerkannten, ihre Liturgie von der der katholischen Kirche abwich und sie nichts vom Fegefeuer und der vorgeschriebenen Ehelosigkeit der Priester hielten.

Es sei angemerkt, dass es hier um eine sachliche Darstellung der Auseinandersetzungen zwischen den Iroschotten und Bonifatius, dem Legaten des Papstes, und nicht um eine Wertung der Personen geht. Bonifatius selbst war ein hingebungsvoller Mann, dem es auch am Herzen lag, Menschen zum christlichen Glauben zu führen. Es gilt zu bedenken, dass Bonifatius selbst mit über 50 Begleitern um das Jahr 755 von heidnischen Einheimischen in Friesland erschlagen wurde, als er ein Tauffest abhalten wollte.

Bonifatius „gründet" die vier altbayerischen Bistümer. Von links: Embert, der Bischof von Freising; Gaubald, der Bischof von Regensburg; Vivilo, der Bischof von Passau; Johannes, der Bischof von Salzburg. Darstellung von Karl Rempp, 1705, Pfarrkirchen, Oberösterreich

Rechts: Martyrologium aus Zwiefalten, auf dem einige Martyrien dargestellt werden. Es sei daran gedacht, dass viele Männer und Frauen die Bezeugung des Evangeliums mit ihrem Leben bezahlen mussten, wie beispielsweise Bonifatius zur Zeit des Magnus. In diesem Martyrologium findet sich die bisher älteste bekannte Darstellung des Magnus mit Bär, um 1138–1147. Stuttgart, Württembergische Landesbibliothek Cod. hist. 2°415

Wie groß die Spannungen zwischen den iroschottischen Mönchen und der katholischen Kirche auch zur Zeit des Magnus waren, zeigt sich exemplarisch in der Auseinandersetzung zwischen Virgil, dem Bischof von Salzburg und Bonifatius. Virgil stammte aus Irland und erhielt seine Ausbildung im Kloster Iona, also eine der Urschmieden der iroschottischen Mönchsbewegung. In der Absicht, sich des unbequemen Iren zu entledigen, bezichtigte Bonifatius Virgil wegen häretischer Ansichten zur Naturwissenschaft bei Papst Zacharias der Ketzerei. Virgil bestand nämlich auf der Lehre von der Kugelgestalt der Erde und der Möglichkeit von Antipoden. Er wurde nach Rom geladen, konnte seinen Standpunkt jedoch so überzeugend vertreten, dass die Anklage gegen ihn fallengelassen wurde. Der Kirche gelang es, die Schriften Virgils derart konsequent zu unterdrücken, dass nicht eine einzige erhalten geblieben ist.

In der Beziehung zwischen Bonifatius und den Iroschotten wird ein tiefer liegender zweifacher Grundkonflikt der Kirchengeschichte deutlich, der auch Magnus nicht fremd gewesen sein dürfte und in unserer Zeit ebenfalls von Bedeutung ist:

Gemeint ist zum einen die Auseinandersetzung zwischen zentraler oder dezentraler Hierarchie. Die Aufteilung der Regionen in Bistümer ging einher mit der Unterordnung allen kirchlichen Lebens unter den Papststuhl in Rom. Die iroschottischen Mönche hatten innerhalb ihrer Missionszellen eine klare Hierarchie. In einer die ganze Welt umspannenden zentralen Kirchenhierarchie sahen sie die Gefahr, dass wertvolles geistliches Leben vor Ort gebremst und schließlich zum Erliegen kommen würde.

Gemeint ist zum anderen die Motivfrage, zu wessen Ehre denn was gebaut werden sollte? Den iroschottischen Missionaren wurde nachgesagt, dass sie zwar schwungvoller, genialer, vielleicht auch frommer als Bonifatius und die anderen Angelsachsen gewesen seien, dass ihnen aber oft der Blick für die Notwendigkeit fester Institutionen, die Fähigkeit zu vorausschauender Planung, kurz: das Organisationstalent, fehlte. Wobei sich hier eine wesentliche Frage aufdrängt: Geht es darum, die Macht einer Kircheninstitution auszubauen, oder darum, dass das Evangelium in den Herzen der Menschen Raum gewinnt? Für das Zweite standen die iroschottischen Mönche.

Magnus lebte mitten in diesen Spannungsfeldern, die auch an ihm nicht vorübergegangen sein können. Er besuchte Bischof Wikterp in Epfach und trat damit auch in Kontakt zu der unmittelbaren kirchlichen Führung seines Wirkungsgebietes. Die Beziehung zwischen Wikterp und Magnus gestaltete sich, von gegenseitigem Respekt geprägt, ausgesprochen positiv. Wikterp unterstützte Magnus auf vielfältige Weise. Er stellte sich hinter Magnus, segnete ihn für sein Vorhaben, in Füssen eine Missionszelle zu errichten, und sorgte für finanzielle wie auch politische Unterstützung. Sie arbeiteten Hand in Hand. Wikterp könnte daher sehr gut, wie bereits erwähnt, jener „falsus sacerdos" („falsche Priester") in Bayern gewesen sein, der das Verbot, mit iroschottischen Priestern Kontakt aufzunehmen, missachtete.

Es ist auffallend, dass die Augsburger Bischöfe als große Wohltäter und Autoritätspersonen in der Magnusvita eine stark positiv betonte Rolle spielen. Dies führte zu der Annahme, dass die späteren Überarbeitungen der Vita den bischöflichen Einfluss in einem für sie günstigen Licht erscheinen lassen sollten. So wird aus der Vita deutlich, dass, mit Wikterp beginnend, die Augsburger Bischöfe die Oberhoheit über die Füssener Magnuszelle innehatten. Die Augsburger Bischöfe des 8. und 9. Jahrhunderts werden der Reihe nach erwähnt, und ihnen wird das Verdienst des Wiederaufbaus der zerstörten Magnuszelle zugesprochen. Doch welche Äbte dem Kloster vorstanden, wie viele Mönche dort verweilten, und nach welcher Mönchsregel sie lebten, erfahren wir nicht.

Die Beziehung des Magnus zur politischen Herrschaft

Sowohl Abt Otmar von St. Gallen als auch Bischof Wikterp von Augsburg standen in einem kontroversen Verhältnis zur fränkischen Hoheit. Die iroschottischen Zellgründungen des Magnus können aufgrund neuerer Forschungen keineswegs mehr als Gründungen im Dienste der fränkisch-karolingischen Reichsorganisation des 8. Jahrhunderts gesehen werden. Vielmehr stellten diese Missionszellen genau das Gegenteil dar: einen Stützpunkt der anti-fränkischen Opposition im ehemaligen alemannischen Herzogtum. Der Vergleich des Klostergründers als „Apostel des Allgäus" mit Bonifatius, dem „Apostel der Deutschen", ist deshalb nicht zutreffend, denn letzterer war aktiv an der karolingischen, von Rom unterstützten Kirchenpolitik dieser Zeit beteiligt. Magnus aber war dienendes Werkzeug im Widerstand gegen den von West nach Ost greifenden Zentralismus.

Diese Klostergemeinschaft in Füssen und Kempten bedurfte eines Grundbesitzes, der ihr auf Wikterps Bitte hin von König Pippin „geschenkt" wurde und zu dem später unter Karl dem Großen größere Gebiete hinzukamen. Die generöse Vergabe königlichen Besitzes an das Kloster in Füssen oder Kempten spricht nicht zwingend für eine übereinstimmende Gesinnung, sondern kann auch im Sinne eines beidseitigen Nutzens verstanden werden. Die Magnusvita erfüllt hierbei nicht zuletzt die Funktion einer Urkunde, in der König Pippin eine Vergabe von Grund und Boden, aber auch das Recht auf Steuereinnahmen bestätigt wird. Es ist wahrscheinlich, dass sowohl in Füssen als auch in Kempten die fränkischen „Schenkungen" des ohnehin von den Alemannen okkupierten Besitzes mit dem politischen Gedanken einer damit verbundenen größeren Einflussnahme einhergingen. Die Schenkungen brachten auch für das fränkische Königshaus Vorteile einer politischen Stabilisierung mit sich.

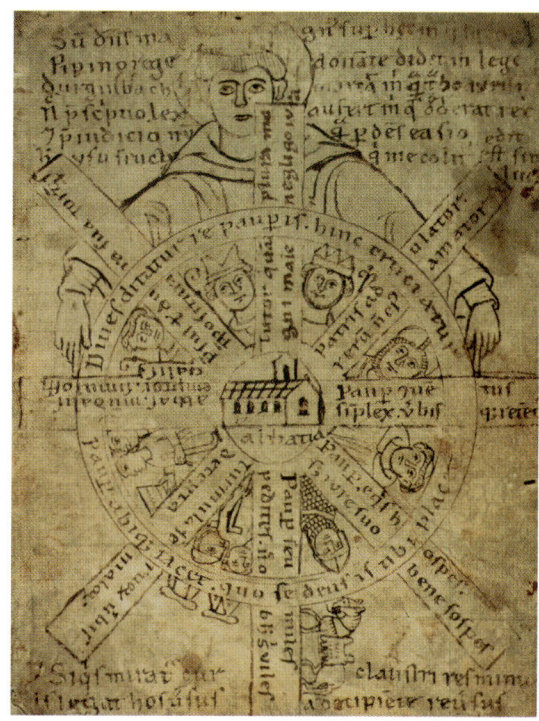

Mit beiden Händen umfasst Magnus einen Kreis, dessen acht Segmente Köpfe weltlicher und geistlicher Würdenträger und ihnen zugeordnete Beschreibungen darstellen. Zusammen mit den Versen an den oberen und unteren Blatträndern berichten sie von Besitzausstattungen des Klosters Füssen. Im Mittelpunkt ruhen das Kloster und die mit ihm verbundenen Personen, beschützt vom Klostergründer Magnus. Diese Abbildung aus der Vita Sancti Magni, um 1200, veranschaulicht die politisch-gesellschaftliche Bedeutung der Missionszelle und des späteren Klosters in Füssen. Augsburg, Universitätsbibliothek, Cod. I.2.4°21

5

Wirkung und Entwicklung der Missionszellen des Magnus

St. Magnus von Füssen, Barock-
gemälde um 1780, Kloster-
museum Bad Schussenried

Eine Missionszelle von Magnus und Theodor mit alemannischer Bevölkerung im Hintergrund.
Andreas Sammet, Verlag für Heimatpflege Kempten

Die Zellen waren das Herzstück iroschottischer Mission. Hierauf wurde bereits im zweiten Kapitel ausführlich eingegangen – es soll hier deshalb nur noch in Bezug auf den Verlauf der Missionszellen in Kempten und Füssen erwähnt werden. Auch für Magnus war eine solche Zelle der Mittelpunkt, von dem aus der christliche Glaube in Wort und Tat weitergegeben wurde. Das Gründen solcher Missionszellen kristallisiert sich als sein vorrangiges Streben im Allgäu heraus. Diese Missionszellen kamen auch im Allgäu glaubhaft an, da die Mönche dadurch ihre Mitmenschen in den Herausforderungen des alltäglichen Lebens tatkräftig unterstützen konnten. In und um die Zellsiedlungen herum konnte man von den Mönchen vieles für den Gebrauch des alltäglichen Lebens lernen. So halfen sie Gebiete des Landes zu roden und diese sinnvoll bewohnbar zu machen oder in fruchtbare Äcker zu verwandeln. Durch das Bilden dieser Zellen entstanden immer wieder Knotenpunkte des Lebens für eine sonst zu dieser Zeit eher verstreut lebende Bevölkerung.

Der kulturelle iroschottische Zellencode entsprach auch dem Volksgefüge der Alemannen. Sowohl die Franken als auch die Germanen waren beispielsweise in ihren Vorstellungen einer hierarchischen Götterwelt den Iren ähnlich, und von daher musste wenig religionskulturelle Transferleistung beim Etablieren des Evangeliums erbracht werden.

Die Übersetzung des Evangeliums in eine für die Bevölkerung des Allgäus relevante Form war für Magnus und seine Begleiter schon „im System", als sie im Allgäu eintrafen. Der Bau von Zellen, Kirchen und Kapellen stieß daher, trotz anfangs mitunter starken Auseinandersetzungen, letztendlich bei der Bevölkerung auf fruchtbaren Boden. Wie entwickelten sich die Zellgründungen des Magnus und was ist aus ihnen geworden?

Die Missionszelle des Magnus in Kempten

Wo lag die Missionszelle des Magnus? Um den Standort der von Magnus errichteten Missionszelle in Kempten ranken sich die skurrilsten Legenden. Auf der sogenannten Georgsinsel inmitten der Iller, nahe dem heutigen Stadtteil St. Mang in Kempten, soll Magnus einiger Legenden nach seine Missionszelle errichtet haben. Eine Legende aus dem 19. Jahrhundert gibt zum Besten: „Als Magnus Umschau nach einem Platz für seine neue Mönchszelle hielt, hauste hier der Riese Boas. Dieser Riese wollte Magnus ans Leben. Da nahm Magnus eine Keule und brachte Boas sanftere Manieren bei". Der Riese Boas ist eine Verballhornung der in der Magnusvita angeführten Schlange Boa. Diese Legende mag zwar amüsant sein, kann aber in keinster Weise einen ernstzunehmenden Beitrag bei der Suche nach dem Standort der Magnuszelle leisten.

Die Frage nach dem Standort der ersten Klosteranlage und einer möglichen Vorstufe der Klostergründung durch die Magnuszelle sowie die These einer Standortverlegung des Klosters werden bis heute von Historikern und Archäologen überaus kontrovers diskutiert. Gerade die Frage nach dem ersten Klosterstandort bewegt in außerordentlicher Weise die Gemüter und entwickelte sich zu einer stark umstrittenen Angelegenheit innerhalb der Kemptener Stadtgeschichte. Zahlreiche Autoren lokalisieren das erster Kloster im Bereich des St.-Mang-Platzes, dem Burghaldehügel oder dem sogenannten Illertal. Andere sprechen sich vehement für die sogenannte Illerterrasse im Bereich der heutigen St.-Lorenz-Kirche und der Residenz aus.

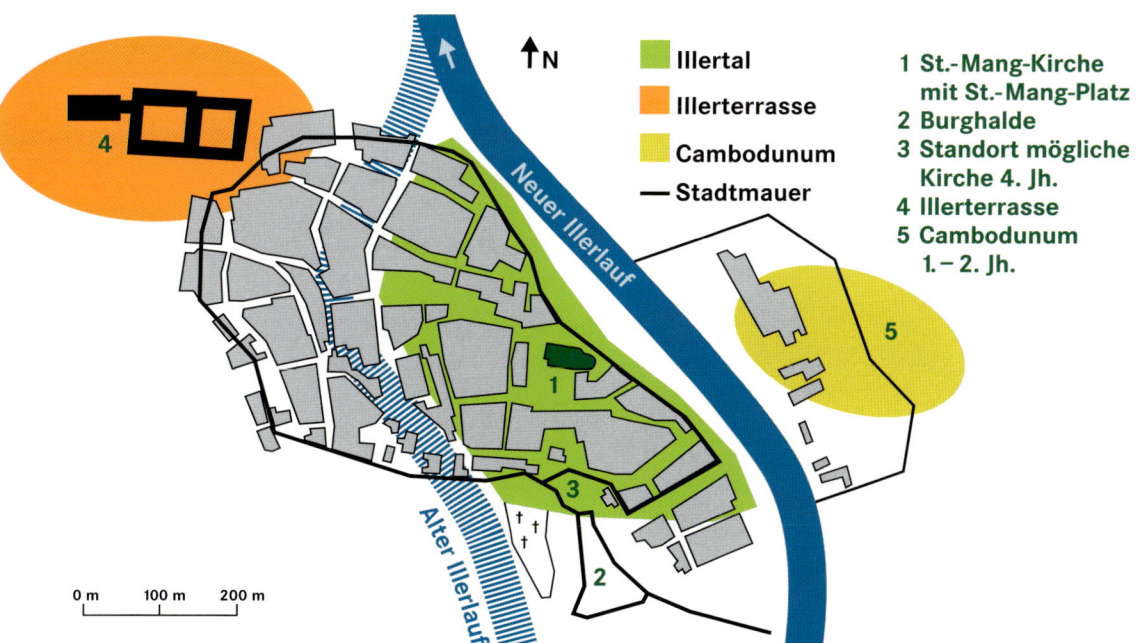

Kempten im 8. Jahrhundert, in grau Stadt um 1400 mit Stadtmauer. Zu sehen sind die alte römische Siedlung Cambodunum, die Burghalde mit dem spätantiken Cambodunum, der um 1300 verfüllte alte Illerlauf, das Illertal und die westlich davon gelegene Illerterrasse.

Flechtwerkstein ein Einzelstück jener Zeit ist, könnte er auch später hierher transportiert worden sein und kann daher nicht als Zeuge für eine frühmittelalterliche Kirche als Vorgängerbau der St.-Mang-Kirche gelten. Trotzdem ist die Existenz einer frühen Kirche an diesem Ort anzunehmen, da bei neuesten Grabungen in den Jahren 2008 – 2010 dort bestattete Gebeine gefunden wurden, die bis in die Zeit des Magnus datiert werden konnten.

Ausgrabungen der letzten 20 Jahre brachten hingegen auf der Illerterrasse, das heißt um die heu-

Fragment des Flechtwerks (um 800), das 1894 unter dem gotischen Chor der St.-Mang-Kirche gefunden wurde. Rechts zeichnerische Ergänzung

Wo aber könnte die Missionszelle des Magnus gelegen haben? Nach der Vita befand sich die Zelle nahe der Iller, was so gut wie alle Möglichkeiten offen hält und eine genauere geografische Bestimmung vereitelt. Wie Columban sein Kloster in Luxeuil bei zerstörten, aus römischer Zeit stammenden Siedlungsresten oder sein Kloster Bobbio in der Lombardei bei einer alten Burgruine errichtete, erbaute auch Magnus seine Zelle in Füssen unmittelbar unterhalb der alten römischen Festung. Diese Zellgründungen zeigen eine topografische Kontinuität auf, die dafür sprechen könnte, dass Magnus und Theodor am Fuße der alten römischen Siedlung (Burghalde) ihre Zelle in Kempten errichteten. Jedoch fehlen im Illertal eindeutige Hinweise auf eine frühmittelalterliche Kirche aus Stein oder gar eine Klosteranlage. Ein im Jahre 1894 unter dem Chor der St.-Mang-Kirche gefundenes Bruchstück einer ornamentierten Chorschrankenplatte aus der Zeit um 800 könnte für eine frühe Kirche sprechen. Da aber dieser

Die Fundamente der Erasmuskapelle aus dem 13. Jahrhundert mit dem St.-Mang-Brunnen, von der St.-Mang-Kirche aus fotografiert. Im Rahmen der Ausgrabungen wurden hier auch Gebeine gefunden, die bis in die 2. Hälfte des 7. Jahrhunderts datiert werden konnten.

tige St.-Lorenz-Kirche und den Bereich der Residenz, an unterschiedlichen Orten Knochenfunde und vereinzelte Gegenstände hervor, die bis in die Zeit des Frühmittelalters und damit auch in die Zeit des Magnus datiert werden konnten. Gerade die zahlreichen Grabfunde des 7. bis 10. Jahrhunderts auf der Illerterrasse weisen auf einen frühmittelalterlichen Siedlungskern im Bereich der Residenz und der St.-Lorenz-Kirche hin. Dies könnte für eine Kirchen- und Klostergründung im 8. Jahrhundert an jenem Ort sprechen. Es ist davon auszugehen, dass es bereits zur Zeit des Magnus nicht nur einen Siedlungskern in Kempten gegeben hat, was die Lokalisierung einer Missionszelle und späteren Steinkirche erschwert, wenn nicht gar unmöglich macht.

Der Magnusvita zufolge können wir von drei Phasen bei der Gründung der Missionszelle in Kempten ausgehen. In der ersten Phase bauten Magnus und Theodor eine kleine Hütte (oraculum parvulum), von der es heißt: „Diese Woche wollen wir hier verbringen und ein kleines Hüttchen bauen." Daraufhin zog Magnus Richtung Füssen weiter, während Theodor anfing, aus der Notunterkunft eine Holzkapelle (cella) und schließlich eine Kirche aus Stein (basilica) zu bauen, die dann im Jahre 752 durch den Augsburger Bischof Wikterp eingeweiht wurde. Wahrscheinlich standen dieses erste Hüttchen, danach die Holzkapelle und schließlich die Kirche aus Stein an unterschiedlichen Stellen. Es wäre möglich, dass Magnus und Theodor zunächst außerhalb der Stadt siedeln mussten. Die deutlichen Widerstände und Rückschläge, von denen Theodor zu berichten wusste, würden dafür sprechen. Es ist auch gut nachvollziehbar, dass Theodor, nachdem er einige Jahre vor Ort ansässig war, zum Bau einer Steinkirche einen anderen Ort aussuchte als den wohl eher spontan gewählten Platz zum Bau eines Hüttchens. Damit wäre auch die Frage des Standortes der ersten Missionszelle des Magnus in Kempten obsolet.

Was ist aus der Missionszelle des Magnus geworden?

Es sei angemerkt, dass bei den folgenden Ausführungen lediglich die Magnusvita und thesenhafte Folgerungen daraus zugrunde liegen:

Bei der Einweihung der Kirche durch Bischof Wikterp möglicherweise im Jahre 752, bei der auch Magnus zugegen war, spricht die Vita von einer Basilika, was unterstreicht, dass es sich um eine Kirche aus Stein gehandelt haben dürfte. Später verließ Theodor, der Magnusvita zufolge, aufgrund von Drangsalierungen nach dem Tod des Magnus die Kemptener Zelle und ging in das Mutterkloster St. Gallen zurück, von wo aus der St. Gallener Abt zunächst den Mönch Perechtgoz mit vier weiteren Mönchen und später Audogar nach Kempten entsandte. Audogar soll dann das Kemptener Kloster von seinem Mutterkloster St. Gallen abgelöst, es dem Frankenkönig unterstellt und statt der iroschottischen Ordensregel nun die des Benedikt eingeführt haben. Der Entwicklung dieser Abtei kam vor allem die im Zuge der fränkischen Erschließungspolitik zugewandte Förderung zugute. Hildegard, die Gemahlin Karls des Großen, gilt als offizielle Stifterin, die das Kloster mit einer Reihe von Zuwendungen bedacht haben soll und deren Bild in das Klosterwappen aufgenommen wurde.

Klosterwappen des Fürststifts Kempten mit Hildegard, der Gemahlin Karls des Großen

Von der im Jahre 752 eingeweihten Basilika gibt es weder im Illertal noch auf der Illerterrasse irgendwelche Spuren. Beim gegenwärtigen Forschungsstand ist es müßig darüber zu streiten, wo das erste Kloster nun gestanden haben könnte. Bisher ist es niemandem gelungen, die unterschiedlichen Argumentationen zu einer schlüssigen These für den einen oder anderen lokalen Bereich zu vereinen. Möglicherweise baute man auf oder in der Nähe des St.-Mang-Platzes eine dem Magnus geweihte Kirche. Später wurde diese Vorgängerkirche gegebenenfalls neu errichtet und schließlich im 15. Jahrhundert durch den heute noch stehenden gotischen Bau ersetzt. Seit der Reformation 1525 ist die St.-Mang-Kirche eine evangelische Kirche, die jedoch das Patrozinium (Schutzherrschaft eines Heiligen) von St. Mang behielt. Die Kirche, der Platz vor der Kirche und der darauf errichtete Brunnen sind zwar nach St. Magnus benannt, aber selbst die Kirche steht in keinem unmittelbaren Zusammenhang mit der Missionszelle des Magnus.

Audogar oder Magnus?

In der historiografischen Überlieferung des Fürststiftes Kempten spielt Magnus bis ins 18. Jahrhundert keine Rolle, ja, er wird nicht einmal erwähnt. Warum? Zum einen wurde die Gründung des in Konkurrenz zu Kempten stehenden Füssener Klosters bereits Magnus zugewiesen, und dies motivierte, einen anderen Initiator für das Kloster in Kempten zu suchen. Zum anderen war aus Sicht der Franken die Beziehung mit dem – dem alemannischen Adel sehr verbundenen – Kloster St. Gallen als Mutterkloster für Kempten nicht gerade gerne gesehen. Es bot sich daher an, anstatt eines „unbedeutenden" und aus verfeindetem Hintergrund kommenden Gründers wie Magnus

doch besser gleich Karl den Großen und seine Frau Hildegard als großzügige Gönner und Initiatoren in die Gründungsgeschichte des Klosters Kempten aufzunehmen. Da Hildegard aus einem schwäbischen Geschlecht stammte und ihr persönliche Bezüge zu Kempten nachgesagt wurden, ging sie glaubhaft als Gönnerin des Kemptener Klosters in die Geschichtsbücher ein, auch wenn zum Beispiel die Gründungsprivilegien Karls des Großen für das Kloster nachweislich Fälschungen sind.

Hildegard mit der von ihr gestifteten Klosterkirche in Kempten. Zeichnung aus der Hildegard-Vita von 1499

St.-Mang-Kirche in Kempten mit dem von Georg Wrba 1905 entworfenen St.-Mang-Brunnen

Wer sich die wechselvolle Geschichte der Stadt Kempten komprimiert zu Gemüte führen möchte, kann dies im Eingangsbereich des städtischen Verwaltungsgebäudes gegenüber dem Rathaus tun. Dort hängt ein acht Quadratmeter großer Wandteppich von Heinz Schubert aus dem Jahre 1977. Das Bild zeigt die Entstehung der Stadt Kempten von den keltisch-römischen Anfängen über die Christianisierung durch den heiligen Magnus, mittelalterliche Szenen bis hin zu aktuelleren Stadtansichten. Architektonisch-statische Elemente (Kirchen und Gebäude) stehen neben figurativ-dynamischen.

Audogar wird aufgrund eines Hinweises des Reichenauer Mönches Hermann der Lahme aus dem 11. Jahrhundert als Gründer des Kemptener Klosters im Jahre 752 gesehen. Hermann der Lahme schreibt: „Audogar, erster Gründer und Abt des Klosters Kempten, begann jenen Ort zu bewohnen". Die These, Audogar als Gründer des Klosters in Kempten zu benennen, bewegt sich auf sehr dünnem Eis. Sie basiert auf einem einzigen Hinweis von einem fast 300 Jahre später lebenden Mönch von der Reichenau. Die Magnusvita ist meiner Meinung nach hier glaubhafter. Sie ordnet Audogar als Nachfolger von Theodor und Perechtgoz ein, was ihm die Zeit nach 772 zuweisen würde. Die vom Fürststift angegebene Kirchweihe

durch den Papst selbst im Jahre 777 ist nachweislich nicht haltbar. Wogegen das Jahr 752 als Einweihung einer Steinkirche durch den Augsburger Bischof Wikterp und eine in der Vita erwähnten Verkündigung des Magnus durchaus in Betracht kommt.

Zusammenfassend lässt sich sagen, dass die Quellenlage über die Gründungsphase des Klosters in Kempten in der Zeit des 8. Jahrhunderts so spärlich ist, dass genauere Angaben darüber nur mit größter Vorsicht getroffen werden können.

Die Missionszelle des Magnus in Füssen

Die von Magnus in Füssen errichtete Zelle wurde nach dessen Tod, so die Füssener Überlieferung, zuerst von Bischof Tozzo, dem langjährigen Weggefährten des Magnus, gefördert. Tozzo soll als Nachfolger von Bischof Wikterp 772 – 778 Bischof in Augsburg gewesen sein und sein Erbe später dem Magnuskloster in Füssen vermacht haben. Nach der Magnusvita begann der Augsburger Bischof Nidker um 830, die im 8. Jahrhundert stark in Mitleidenschaft gezogene Zelle des Magnus wieder aufzubauen; sie wurde im Jahre 848 unter Bischof Lanto fertiggestellt. Unter diesem Bischof erlangte die Zelle in Füssen den Status eines offiziellen Klosters, dessen erster urkundlich erwähnter Abt ein gewisser Giselo im Jahre 919 war. Bischof Lanto ließ für die Unterbringung der Gebeine des Magnus einen würdigen Ort suchen und beauftragte den Benediktiner Ermenrich mit der Abfassung einer Vita des Allgäuer Glaubensboten. Die unter Lanto fertiggestellte Kirche wurde durch die Ungarneinfälle Mitte des 10. Jahrhunderts zerstört und als romanische Basilika wieder aufgebaut. Davon zeugen noch alte Mauerreste der sogenannten Magnuskrypta, die bis in die Mitte des 8. Jahrhunderts datiert werden konnten. Was ist aus der Missionszelle in Füssen geworden?

Die Front des mittelalterlichen Kapitelsaals der St.-Mang-Kirche Füssen, 13. Jahrhundert

Auf den Spuren der Magnuszelle in Füssen – die Magnuskrypta

Über Jahrhunderte hinweg führten die alten Spuren der Magnuszelle ein unbeachtetes Dasein. Bei der erfolglosen Suche nach den Gebeinen des Magnus unter Abt Stempfle im Jahre 1615 verfiel die Magnuskrypta in Vergessenheit. Stadtpfarrer Johann Graf entdeckte 1833 einen mit Bauschutt angefüllten Raum, der von byzantinischer Bauart war und bis in die Zeit des Magnus reichen konnte. Sollte dies zutreffen, würde es sich möglicherweise um die älteste Krypta nördlich der Alpen handeln. So geriet die Krypta in das Blickfeld der Forschung.

Pfarrer Bernhard beschrieb die unter dem Choraltar der Füssener Kirche wiederentdeckte Krypta mit folgenden Worten: „In dieser Gruft geht ein Stieg von 5 Treppen aufwärts in die unter dem Choraltar befindliche unterirdische Kapelle. Sie wurde im Jahre 1840 auf ein Neues vom Schutte gereinigt. Vermutlich ist sie jene Kapelle, wo unter Bischof Lanto der Leib des hl. Magnus bestattet wurde und die von den vielen Unfällen und Zerstörungen wahrscheinlich verschont geblieben ist. Sie ist klein, im byzantinischen Stil erbaut, mit einem kleinen Einbau versehen, dessen rundes Gewölbe auf sechs Säulen von Sandstein ruht. Rund um die Säulen herum zieht sich ein rundgewölbter Gang und am hintern Teile ist das Presbyterium, wo wahrscheinlich die in der Mauer befindliche Öffnung schon ursprünglich den Altar vertrat. Unter dem Aufbau mit Säulen stand vielleicht der Sarg des hl. Magnus". Stadtpfarrer Christoph Kaiser schilderte 1955 einen Besuch der Krypta mit folgenden Worten: „Der gläubige Christ und erst recht der Sohn des Allgäus wird sich an dieser einzigartigen Stätte umweht fühlen vom Anhauch apostolischer Glaubenskraft, umleuchtet vom Lichtglanz christlicher Glaubensbotschaft, durchglüht von einem heiligen Eifer, das Werk des heiligen Magnus für kommende Generationen fortzusetzen". In der Tat, ein Besuch ist sehr zu empfehlen!

Die Magnuskrypta nach der Neugestaltung und Restaurierung im Jahre 1994. Nach Entwürfen von Erwin Wiegerling wurde der historische Raum durch eine symbolische Lichtführung mit einem theologischen Konzept verbunden.

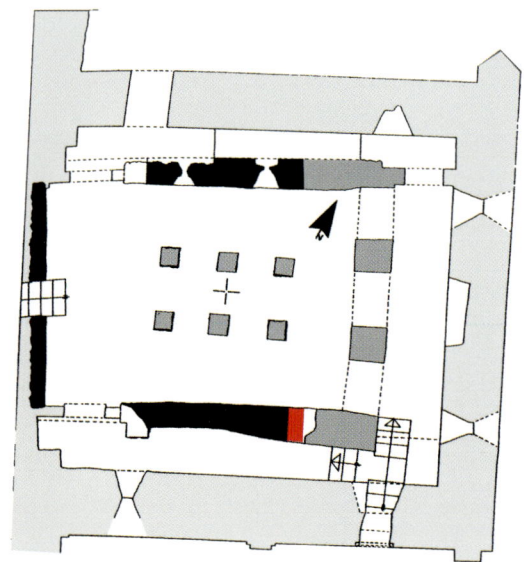

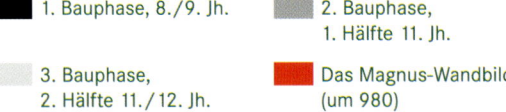

■ 1. Bauphase, 8./9. Jh.

■ 2. Bauphase,
1. Hälfte 11. Jh.

□ 3. Bauphase,
2. Hälfte 11./12. Jh.

■ Das Magnus-Wandbild
(um 980)

Grundriss der Magnuskrypta in drei Bauphasen
vom 8. bis 12. Jahrhundert

schiedlich beurteilt. Bei Bodenuntersuchungen trat 1994 zwischen zwei Mittelsäulen eine in den Felsenboden gehauene verfüllte Grube zutage. Bei dieser verputzten und rot ausgestrichenen Bodenvertiefung kann es sich um den ursprünglichen Verwahrungsort der Gebeine des Magnus (um 845) handeln. Diese Grube wurde im 11. Jahrhundert jedoch geräumt und verfüllt.

Die älteste Bauphase der Krypta dokumentieren Fundamente und Wandteile, die unter Bischof Nitker begonnen und im Jahre 848 unter Bischof Lanto abgeschlossen wurden. Durch eine zweite Bauphase im 11. Jahrhundert und eine damit verbundene Erweiterung nahm die Krypta schon fast ihre heutige Gestalt mit ihren Säulen und ihrem Baldachin an. In einer dritten Bauphase im 12. Jahrhundert erhielt die Krypta weitgehend ihr heutiges Erscheinungsbild mit den drei geöffneten Rundbögen.

Ob die Krypta einst den Leichnam des Magnus in sich barg und dafür errichtet wurde oder im Sinne eines dem Magnus geweihten Hochaltars mit Magnusreliquien zu verstehen ist, wird unter-

Die Bodenvertiefung unter dem Baldachin in der Krypta könnte im 9. Jahrhundert als Aufbewahrungsort für die Gebeine des Magnus gedient haben.

Fresko der Magnuskrypta: Magnus, der Gallus folgt, um 980, aus der Reichenauer Schule. Gut zu erkennen sind noch die Schriftzüge „Magnus" und „Gallus", die den ersten beiden, circa 60 cm großen Figuren zuzuordnen sind. Die dritte, um die Ecke laufende, aber nicht näher zu bestimmende Person könnte sehr gut Columban sein.

Die bedeutendste Entdeckung in der Magnuskrypta wurde eher zufällig gemacht. Denn für die 1200-Jahrfeier des Heiligen (nach der Füssener Magnus-Chronologie) wurde die Krypta 1950 gründlich renoviert, wobei ein in der Südwand verborgenes Fresko aus dem 10. Jahrhundert entdeckt wurde, das zu den bemerkenswertesten frühen Kunstdenkmälern des Allgäus gehört. In einer Art „schwebendem Schreiten" nähern sich zwei durch Inschriften als Magnus und Gallus bezeichnete Mönchsgestalten einer dritten, die, von der Mauerkante überschnitten, nur zum kleineren Teil erhalten blieb. Die Hände sind erhoben, die linke im Gebetsgestus, die rechte zur Führung des Stabes. Der intensive Blick der weit aufgerissenen Augen ist vorwärts gerichtet. Alle drei Figuren tragen Benediktinerhabit. Der Stab, die weit geöffneten und auf den Vordermann gerichteten Augen und die nach vorne orientierten Hände sowie die Laufbewegung weisen eindeutig darauf hin, dass die drei Personen einander folgen. Die Darstellung zeigt, dass Magnus als der geistliche Nachfolger des Gallus gesehen wurde.

Es ist kirchenhistorisch schlüssig, davon auszugehen, dass die dritte, vor Gallus im wahrsten Sinne des Wortes um die Ecke laufende, aber nicht mehr zu identifizierende Person Columban darstellt. Die Szene illustriert keine bestimmte Episode aus dem Leben des Magnus. Vielmehr ist sie Sinnbild für die Idee der Nachfolge: Magnus reiht sich an Gallus, der selbst wiederum Columban folgt. Das Fresko unterstreicht damit eindrücklich die enge Verbundenheit dieser iroschottischen Mönche.

Es bleibt festzuhalten, dass diese wiederentdeckte Magnuskrypta der älteste erhaltene Teil des gesamten Füssener Klosters ist und bis an die Zeit des Magnus reicht. Daher könnte die Krypta noch Reste der in der zweiten Hälfte des 8. Jahrhunderts erbauten Missionszelle des Magnus aufweisen. Ein historisch durchaus imposanter Fund, der das Wirken des Magnus in Füssen unterstreicht.

Die Basilika St. Mang

Die heutige St.-Mang-Kirche in Füssen entstand aus dem ehemaligen Benediktinerkloster, das wiederum seine Ursprünge in der iroschottischen Missionszelle (Krypta) des Magnus hatte. Das sich über Jahrhunderte durch ein Auf und Ab entwickelnde St. Manger Kloster stellte einen ganz wesentlichen Faktor in der herrschaftsgeschichtlichen Entwicklung des Füssener Landes dar. Das Kloster selbst verzichtete über die Jahrhunderte auf eine breitere politische Einflussnahme zugunsten des mönchischen Lebens und des Ausübens der Wissenschaften. Tatsächlich war das Kloster über die gesamte Zeit seines Bestehens bis zur Säkularisation 1802 bischöfliches Eigenkloster und vermochte trotz mancher Versuche nie, die Selbstständigkeit als Reichskloster zu erlangen. Unter dem Abt Georg Albrecht (reg. 1557 – 1560) entstand das bis heute gültige Wappen des Füssener Klosters, auf dem Magnus mit Stab und einem Drachen zu seinen Füßen abgebildet ist.

Außenansicht der Basilika St. Mang in Füssen

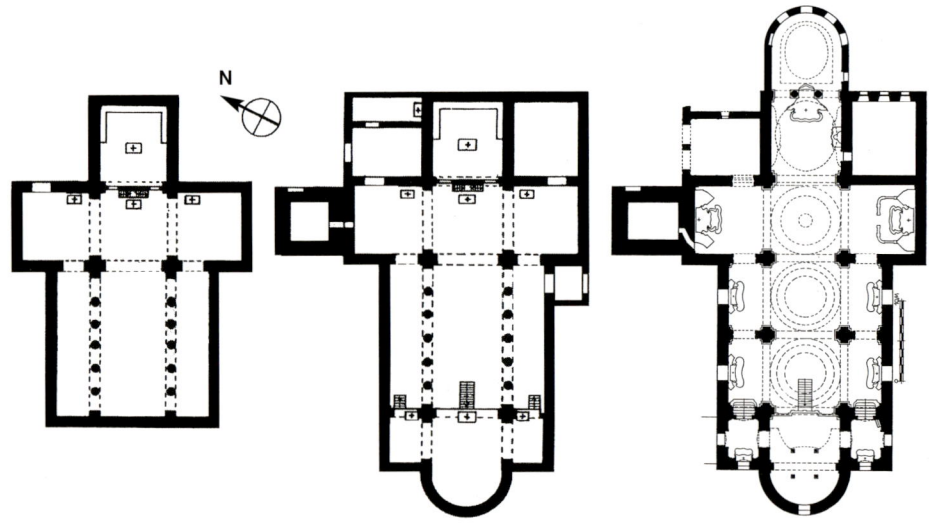

Die drei Grundrisse der St.-Mang-Kirche Füssen – um 1000, um 1200 und heute – verdeutlichen den Wandel des Kirchengebäudes

Hochaltar und Volksaltar: Seitlich um den Hochaltar stehen in annähernder Lebensgröße in Marmor außen Columban und Gallus und innen Benedikt und Scholastika. Der moderne Volksaltar wurde 1970 aus Edelstahl und Kunstglas angefertigt. Unmittelbar unter dem Volksaltar ist eine runde Glasplatte zu erkennen, die Licht in die darunter liegende Magnuskrypta einlässt.

Über dem Volksaltar werden vier Reliquien des heiligen Magnus in einem durchsichtigen Kreuz zur Schau gestellt: Knochensplitter (unten), Brustkreuz (links), Kelch (rechts) und Magnusstab (Mitte).

St.-Mang-Kirche Füssen – gut zu erkennen sind einige Fresken, die über das ganze Kirchenschiff verteilt, weitgehend nach der Beschreibung der Magnusvita das Leben und Wirken des Heiligen schildern.

In den folgenden Jahrhunderten wurde die St.-Mang-Kirche immer weiter um- und ausgebaut und schließlich unter Johann Jakob Herkomer um 1700 von einer romanischen Kirche zu einer Barockkirche, wie wir sie auch heute weitgehend vorfinden, modernisiert. Das kraftvolle Wirken des Magnus, sowie seine Heiligsprechung im 9. Jahrhundert bildeten die Grundlage seiner ausgeprägten Verehrung im Füssener Land. Die Gestaltung der gesamten St. Manger Barockkirche sollte daher zu einem architektonischen Symbol der Verehrung des Magnus werden. Dutzende Fresken zeigen in der Basilika die Lebensgeschichte des hl. Magnus auf. Dem Architekten Johann Jakob Herkomer (1652 – 1717) gelang es, aus der unregelmäßig gewachsenen mittelalterlichen Klosteranlage einen nach barockem Vorbild repräsentativen Baukomplex zu entwerfen, um so das Ziel des Abtes Gerhard Oberleitner (reg. 1696 – 1714) zu verwirklichen, den „Neid aller Kunstfreunde zu erwecken".

Weitere Missionszellen im Allgäu

Auch andere Priester folgten dem erfolgreichen Beispiel iroschottischer Mönche und erbauten auf eigenem Grund und Boden Wohnungen und Kirchen, von denen aus sie die Nachbarschaft missionierten. Diese Missionsstationen wurden ebenfalls Zellen genannt und trugen meistens den Namen ihres Gründers.

Derartige Zellorte sind im Allgäu bis heute noch zahlreich anzutreffen, so zum Beispiel in Zell bei Grönenbach; Zell, Osterzell und Oberzell bei Kaufbeuren; Zell bei Isny; Zell bei Memhölz (dies war wahrscheinlich das frühere Wipszell (Weibszell), womit gesagt ist, dass diese Zelle auf die Gründung durch eine Frau zurückgeht). Krugzell bei Kempten ist als Zellort dem 8./9. Jahrhundert zuzurechnen und wird erstmals 1353 als Kruogscell erwähnt. Vermutlich bedeutet der Name die Zelle des Crugo oder des Hroc.

Ein gewisser Wisirich hatte um 817 die Wisirihescella, wohl das heutige Zell bei Staufen, ins Leben gerufen. Um 860 gründete der Priester Hupold die Hupoldescella im Nibelgau, die dem heutigen Frauenzell bei Kempten entspricht. Eine kleine Kirche, die 837 ein Priester Meginbreth an St. Gallen vergab, wird 872 als Cella Meginberti bezeichnet, das heutige Mannweiler bei Lindau. So heißen wohl auch die unter Karl dem Großen genannte Aldrichszelle im Allgäu (vermutlich Agathazell bei Sonthofen), die 860 erwähnte Werimbretiscella (wohl Rauhenzell bei Immenstadt) und die 839 genannte Herilescella (Kirchzell bei Kaufbeuren) nach ihren mutmaßlichen Gründern Aldrich, Werimbert, Herilo. Die von 824 an genannte Ratpotescella im Nibelgau, dem heutigen Kislegg bei Wangen, wurde früher nach dem 766 erwähnten Nibelgauer Iroschotten Ratpot benannt. Frühere Zellorte haben hingegen im Laufe der Jahrhunderte ihren ursprünglichen Namen verloren. Die Dynamik der Zellgründungen nach dem Vorbild der iroschottischen Mönche veränderte nachhaltig das gesamte Allgäu.

6

Verehrung und Sagen über Magnus

Magnus in Fürbitte vor Gott Vater und seinem Sohn. Hochaltarbild der Kirche St. Magnus in Geislatsried, Franz Osterried, 1861/1862

Wie wurde aus dem Priester Magnus der heilige Magnus von Füssen? Und wie wirkte Magnus nach seinem Tod in Verehrung und Sagen weiter?

Die ersten nach Magnus benannten Kirchen und Kapellen unterstreichen eindrücklich, wie sehr und wie früh Magnus bereits verehrt wurde. So ernannten die um 848 neu errichtete Kirche in Füssen und darauf die um 890 neu erbaute Kirche in Kempten, der Magnusvita zufolge, Magnus zu ihrem Schutzpatron. Dutzende Kirchen in ganz Deutschland und der Nordschweiz nahmen Magnus in den folgenden Jahrhunderten als ihren Schutzheiligen auf. Über 1200 Jahre nach Magnus begegnet er uns in den Namen von Kirchen, Plätzen, Brücken und Orten auf Schritt und Tritt. Eine tiefgläubige Magnusverehrung bildete sich vor allem im Allgäu, in Nordtirol, Vorarlberg, Oberschwaben und in der Nordschweiz aus. Auch heute noch wird Magnus in diesen Gebieten als ein grenzübergreifender Heiliger verehrt. Die gesamte barocke St.-Mang-Kirche in Füssen ist ein einziger Ausdruck seiner Verehrung.

Von wem ging diese Magnusverehrung aus? Zum einen zählte das Kloster St. Gallen Magnus zu seinen „Hausheiligen" und begünstigte dessen Verehrung durch sein weites Einflussgebiet. Darüber hinaus betrachteten später auch andere Benediktinerklöster Magnus als einen beispielhaften Heiligen und förderten seine Verehrung. Zum anderen wurde er von der Bevölkerung außerordentlich geschätzt und geachtet. Die Menschen wählten Magnus gerne und häufig zum Patron ihrer Kirchen und sahen ihn als eine Art Dorfheiligen.

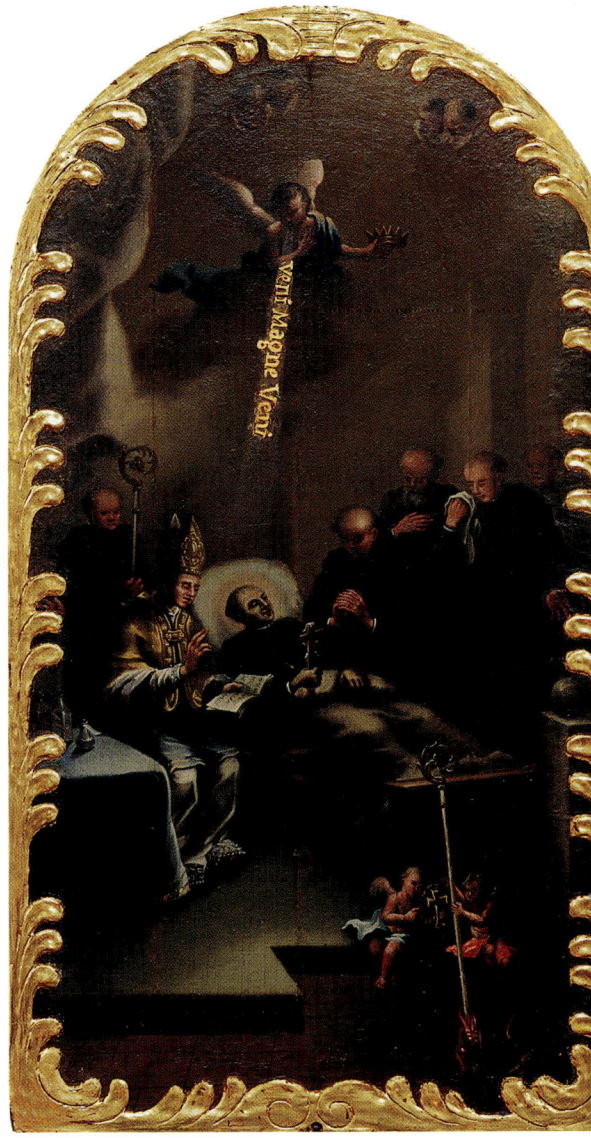

Tod des Magnus. Seitlich Bischof Wikterp von Augsburg. Über dem Sterbebett erscheint ein Engel, der dem Hinscheidenden zuruft: „Veni, Magne, veni" – „Komm, Magnus, komm!". Pfarrkirche St. Magnus in Bad Schussenried

Die Heiligsprechung des Magnus

In frühmittelalterlicher Zeit fanden keine ausdrücklichen Heiligsprechungen wie heute beispielsweise in der katholischen Kirche statt. Es genügte die allgemeine Verehrung durch die Kirche, die zum Beispiel mit der Weihe einer Kirche oder der Erhebung des Leichnams besiegelt war. Auf diesem Weg wurde auch Magnus in den Kreis der Heiligen aufgenommen. Daher ist die Erhebung des Leichnams von Magnus in eine im Jahre 848 eigens zu seinem Gedenken in Füssen errichtete Kapelle gleichzusetzen mit einer damit verbundenen Heiligsprechung und dem Beginn seiner Verehrung als Heiliger. Die von Wundern wie der Unversehrtheit des Leichnams begleitete Erhebung des Magnus, die seine Heiligkeit beweisen sollten, förderte zu dem seine Verehrung. Magnus wurde nun als ein Mensch gesehen, der nach seinem Tod in der Anschaung Gottes, das heißt direkt bei Gott lebte. Darüber hinaus verlieh ein heiliggesprochener Magnus den Klöstern in Füssen oder auch Kempten eine besondere Legitimation und Anziehungskraft.

Es war zu jener Zeit üblich, Männer und Frauen, die Märtyrer waren, oder außergewöhnlich tätige und fromme Bekenner wie Magnus, in besonderer Weise zu ehren. Die Märtyrer oder Bekenner gelangten nach der damaligen Glaubensauffassung nach ihrem Tod direkt in den Himmel, von wo aus sie als Fürsprecher für die Menschen auf der Erde einstanden. In der – vor allem katholischen – Volksfrömmigkeit formte sich mitunter eine Verehrung von Heiligen und deren Reliquien aus, die jeglicher biblischen Grundlage entbehrt, ja ihr sogar widerspricht. So wurden für die Heiligen Gedenktafeln, Grüfte oder Kirchen gebaut beziehungsweise geweiht und ihnen in Gebeten, Liedern und Gedichten gehuldigt. Ihren Gebeinen wie auch den von ihnen berührten Gebrauchsgegenständen maß man besondere Segenskraft bei. Diese sogenannten Reliquien (lateinisch Überbleibsel) wurden mitunter überschwänglich

Mönche des Klosters St. Mang heilen Kranke, indem sie ihnen Magnus' Kutte auflegen, sie aus dem Magnuskelch trinken lassen oder sie mit dem Magnusstab segnen. Fresko in der St.-Mang-Kirche Füssen von Franz Georg Hermann, 1720/1723

verehrt. Im Kloster Schussenried wird als Besonderheit bis heute ein dem Magnus zugeordneter Zahn verwahrt. Der Heiligen Fürbitte – und damit göttlicher Segen – war dort gegenwärtig, wo sich auch noch der geringste Überrest von ihnen befand. Abt Martin Stempfle von Füssen sagte 1665 über die Magnusreliquien: „Wann man sie mit Andacht und rechtem Glauben gebührender weiß verehrt, begehrt und braucht, vertreiben sie die Gespenst und Zauberey, Verzauberung und Vergiftung Menschen und Viehs". Leider sehen wir hier eine sehr fragliche Form der Religiosität, welche die Menschen anstatt zum lebendigen Gott zu einer Mystifizierung von Gegenständen geführt hat.

Um einen Raub dieser so bedeutsamen Gebeine eines Heiligen zu verhindern oder deren Beschädigung zu begrenzen, war es üblich, die Gebeine der Heiligen in Einzelteilen an verschiedene Kirchen zu geben. Der 898 an St. Gallen übertragene Arm des Magnus ist aus diesem Denken heraus zu verstehen.

Magnusstab-Reliquiar mit Engeln von 1720 und spätgotischem Zierrat aus dem Magnusaltar der Klosterkirche St. Magnus in Bad Schussenried; im Reliquiar Zahn des Magnus und Teil des Magnusstabes; bekrönt von einer kleinen Büste des hl. Magnus aus vergoldetem Silber.

Die Magnus-Reliquien: Brustkreuz, Stola, Kelch und Knochensplitter. Einzig die Knochensplitter sind authentische Überbleibsel von den Gebeinen des Magnus; sie wurden 1972 von St. Gallen nach Füssen übertragen. Das Brustkreuz ist eine moderne Nachbildung des 1806 verlorenen Originals, der Kelch geht auf das 13. Jahrhundert zurück.

Wo sind die Gebeine des Magnus verblieben?

Wie erwähnt, ist im Rahmen der Reliquienverehrung der Verbleib der Gebeine eines verehrten Heiligen von besonderer Bedeutung. Ohne diesen Hintergrund lässt sich auch die intensive Suche nach den Gebeinen des Magnus nicht erklären. In den letzten drei Kapiteln der Magnusvita wird von einem Wunder berichtet, aufgrund dessen das Grab und der Leichnam des Magnus unter Bischof Lanto um 840 wiederentdeckt wurden. Die Magnuskrypta in Füssen weist auf einen möglichen Aufbewahrungsort des Leichnams von Magnus bis in das 10. Jahrhundert hin. Dann riss der Faden der Geschichte über fünf Jahrhunderte ab. 1467 machte sich der Abt Johannes Heß auf die Suche nach den leiblichen Überresten des Magnus und war überzeugt, die Gebeine von Magnus im Boden in der Mitte des Kirchenschiffes identifiziert zu haben. Diese Annahme wurde aber spä-

ter von Abt Martin Stempfle widerlegt, da die gefundenen Gebeine nachweislich die eines früheren Abtes waren. Stempfle selbst begann in den
Jahren 1615 – 1619 erneut eine umfassende Suche
nach dem Magnusgrab und dessen Leichnam. So
ließ er an unterschiedlichen Stellen des Klosters,
unter anderem auch in der Magnuskrypta, Grabungen vornehmen und fand auch einige Gebeine, die jedoch weit nach Magnus lebenden
Äbten zugeordnet werden mussten. Heinrich Ammann, der dem Kloster Füssen 1604 – 1611 als Abt
vorstand, stellte in einem fünf Seiten umfassenden Verzeichnis die aus dem Kloster in den Wirren des 16. Jahrhunderts geraubten Güter zusammen, wobei die Gebeine des Magnus mit keinem
einzigen Wort erwähnt werden. Von ihnen fehlte
in Füssen jede Spur. Dies wird durch eine Füssener Anfrage von 1764 unterstrichen, ob Magnus
in der 1525 evangelisch gewordenen Kemptner
St.-Mang-Kirche begraben sein könnte.

Es lässt sich festhalten, dass die Gebeine des Magnus weder, wie oft behauptet, im Schmalkaldischen noch im Dreißigjährigen Krieg verschwunden sind, sondern bereits zur Zeit von Abt
Johannes Heß (1458 – 1480) gesucht und nicht gefunden wurden. Sicher ist davon auszugehen,
dass entsprechend dem Bericht des St. Galler
Abtes Ekkehart die Gebeine des Magnus in der
2. Hälfte des 9. Jahrhunderts noch vorhanden
waren. Die durch das Allgäu ziehenden Ungarnhorden werden im 10. Jahrhundert auch in Füssen
gewütet und vielleicht den Verlust der Gebeine
des Magnus verursacht haben. Deren einzige
Überbleibsel in Füssen dürften einige Knochensplitter sein, die vom St. Galler Kloster im Jahre
1972 zur Einweihung des neuen Volksaltars der
St.-Mang-Kirche in Füssen zur Verfügung gestellt
wurden. Bis heute gibt es in Füssen Überlegungen, erneut nach den Gebeinen des Magnus zu
suchen, was jedoch wegen der von Johann Jakob
Herkomer errichteten prachtvollen Barockkirche
unmittelbar über der Krypta nur schwer möglich
sein wird.

Beispiele der Magnusverehrung

Das Gedenken seines Todestages

Das früheste Zeugnis der Verehrung des Magnus
an seinem Todestag finden wir in dem Reichenauer Martyrologium um 870, in dem erwähnt
wird, dass man jährlich am 6. September des heiligen Magnus gedenkt. 896 erwähnt der St. Gallener Gelehrte Notker Balbulus in seinem Martyrologium zum 6. September den Geburtstag des
heiligen Magnus, der als Tag der zweiten, wahren
Geburt mit dem Todestag als identisch gesehen
wurde. Darin heißt es: „6. September: Geburt des
heiligen Bekenners Magnus, Jünger und Gefährte
des seligen Gallus, des wundersamen und heiligen Mannes."

Aus einem Schweizer Calendarium des 12. Jahrhunderts,
Cologny, Foundation Martin Bodmer, Cod. Bodmer 30

Magnus als Schutzpatron

Magnus entwickelte sich zu einem Heiligen, an den sich das Volk in wichtigen Anliegen und Nöten wandte. Er wurde angerufen um Hilfe für das Vieh, um eine gute Ernte oder um Schutz vor Pest und Seuchen; von einigen wurde er sogar in den Kreis der Vierzehn Nothelfer aufgenommen. Wenn ein Gewitter drohend über den Dörfern stand, erklang die ihm geweihte Glocke als Bellen des Magnus-Hundes. Die Magnusvita berichtet, dass bei der Übertragung der Magnusgebeine ein Mönch, dessen Körper mit eitrigen Geschwüren bedeckt war, geheilt wurde. Diese Überlieferung gab Anlass, Magnus als Pest- und Seuchenpatron zu verehren.

In erster Linie aber galt Magnus als Viehpatron. Seine Zuständigkeit für das Vieh leitete sich aus der Drachentötung bei Roßhaupten ab. In der Volksfrömmigkeit wurde ihm die göttliche Gabe zugesprochen, Tiere und Flure vor Ungeziefer und Krankheiten zu bewahren. Diese Verehrung als Viehheiliger kommt zum Beispiel in folgendem Allgäuer Stoßgebet zum Ausdruck: „Küehle, hoschd die verfanga, helf dir Sankt Manga."

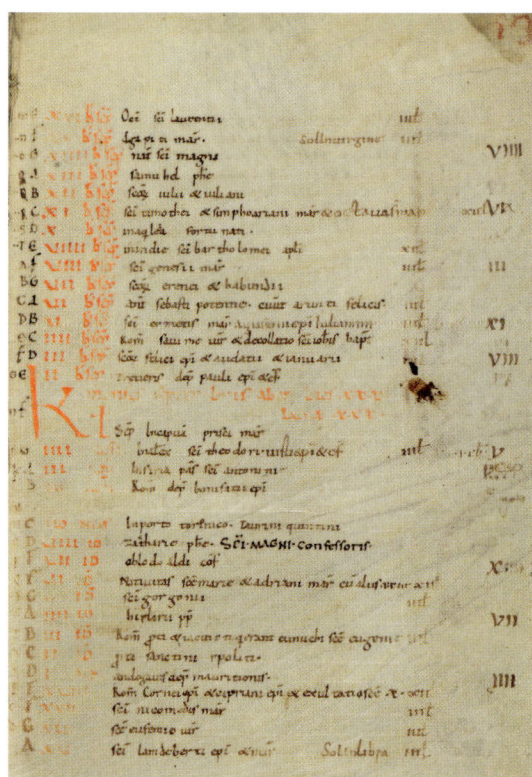

Aus einem Martyrologium um 950, gut zu erkennen: „sci Magnis confessors", St. Gallen, Stiftsbibliothek, Cod. Sang. 450

Sogar in Köln wurde bereits im 10. Jahrhundert am 6. September der Magnustag gefeiert, und seit Ende des 15. Jahrhunderts war es so in allen süddeutschen und Schweizer Bistümern Brauch.

Auf dem Bild eine kniende Großfamilie, die zwei Wickelkinder dem Schutze des Heiligen anvertraut. Aus der Buchenberger Wallfahrtskapelle zum hl. Magnus, Kath. Pfarramt Rettenberg

Ex Voto 1823.

Magnus als Viehpatron. Das linke Bild (19. Jahrhundert) zeigt Magnus in Wolken über einem vor ihm knienden Bauernpaar. Das rechte Bild zeigt eine Familie mit einer Schrifttafel „Durch die Fürbitte des St. MAGNUS./TEUS de: Voto./ MDCCCLV", Anton Bögel, Wertach, 1855.
Beide Bilder stammen aus der Buchenberger Wallfahrtskapelle zum hl. Magnus, Kath. Pfarramt Rettenberg

Gebete, Lieder, Tanz, Gedichte, Schriften und Wappen

Gebete: In einem alten Kemptener Gebetsbuch fanden sich unter 237 Krankenbitten nicht weniger als 184 Magnusgebete mit zahlreichen Hinweisen auf angeblich erfolgte Wunderheilungen. Magnus wird bis heute vor allem von katholischen Gläubigen um Schutz vor Hagel und Unwetter angerufen. In einem weiteren Stoßgebet heißt es: „St. Mang, steh auf in alter G'walt, in junger Kraft!"

In der dem Magnus geweihten Pfarrkirche in Lenzfried bei Kempten steht auf der Turmtafel im Kircheninneren:

O breit, Sankt MAGNUS, Deine Hand
Beschützend über alle Pfade.
In Berg und Tal, in Stadt und Land,
Erbitt uns allen Gottes Gnade.

Lieder:

Eine der frühesten Magnushymnen stammt aus St. Gallen und reicht in das 10. Jahrhundert zurück. Verfasst wurde sie anlässlich des Empfangs der Armreliquien des Magnus (ins Deutsche übertragen von Anselm Stitzinger).

Nos sua, Magne, Pignora Gallus Miserat ad te Teque venire Oppido poseit.	Uns hat, o Magnus, Gallus, der Vater, zu dir gesendet, wünschend, dass eilends du mögest kommen.
Nunc studet ille Rus laquearque Te veniente Comere laute Nil remoreris.	Jetzt trachtet jener für deine Ankunft Dörfer und Städte herrlich zu schmücken, wollest doch nicht zögern!
Sexus uterque, Vir Mulierque, Turba pedestris, Coetus equestris Vociferantur.	Alte und Junge, Männer und Frauen, Bürger und Bauern, adlige Herren wollen dir singen.
Te, pater, aetas Expetit omnis, Ut veniendo Cuncta mederis Et modulantur.	Dich, Vater, bittet dieses Geschlecht nun, dass durch dein Kommen Segen du spendest, und es dich preiset.
Quando parata Ingrediaris Tecta, patrone, Nos famulantes Ipse tuere.	Wenn du, o Schutzherr, Einzug wirst halten in diesen Tempel, schirme dann huldvoll auch deine Diener.
Ad tua quisque Limina stratus Te sibi poscat, Sancte, favere; Esto misertus.	Fleht doch ein jeder auf seinen Knien an deiner Stätte, dass du, o Heiliger, seist ihm barmherzig.
Igne nocivo Grandine, morbo Daemonis astu, Marte fameque Protege cives,	Schädliches Feuer, Hagel und Krankheit, teuflischen Ansturm, Kriegslärm und Hunger halt´ von den Bürgern,
Corporis ut qui Reliquiarum Condere partem Promeruerunt, luveris illos.	die es verdienten, treu zu bewahren heiligen Leichnams kostbare Reste, sei ihnen Helfer!

Der Todestag von Magnus wurde schon sehr früh mit Liedern und Prozessionen gefeiert. In Füssen findet noch heute jedes Jahr am Sonntagabend um den 6. September eine Lichtprozession statt.

Der Magnustanz: Am Weihnachtstag des Jahres 1021 wurde der Kirchhof der Magnuskirche in Kölbigk Schauplatz eines der bedeutendsten Ereignisse aus dem mittelalterlichen Magnuskult: Elf Bauern und die Tochter des Priesters vollführten, anstatt die Messe zu besuchen, einen Tanz mit derartigem Lärm, dass sie der Priester im Namen des heiligen Magnus dazu verfluchte, ein Jahr lang ohne Unterbrechung und ohne Schlaf und Aufnahme von Nahrung zu tanzen. Nach einem Jahr, als sie sich schon bis in Schulterhöhe in den Boden getanzt hatten – das Loch war noch 1858 zu sehen –, wurden sie erlöst und vor dem Magnusaltar rekommuniziert.

Das Manger Prozessionsfest in Füssen
am 4. September 2005

Der Magnustanz zu Kölbigk von Michael Wolgemuth, Holzschnitt aus der „Weltchronik" des Hartmann Schedel, 1493

Gedichte:

Bei Füssen bildet der Lechfluss einen Durchbruch durch steile Felsen hindurch. Hier entstand die Sage vom Mangensprung. Ein dazu typisches Gedicht über Magnus aus den bayerischen Sagen von Alexander Schöppner:

Wer immer heut' nach Füssen kommt,
Der sieht den Mangenstab;
Er betet, was dem Herzen frommt,
Und fragt nach Magnus' Grab.

Drauf weiß wohl keiner ihm Bescheid,
Weil keines nah und fern,
Doch gibt man jedem das Geleit
Zum Mangensprunge gern.

Da ist ein harter Felsenstein,
Ganz nah' am wilden Fluss,
Ein Tritt, gar tief gegraben ein,
Er ist von Magnus' Fuß.

Von da herüber sprang Sankt Mang
Zum nächsten Schroffen hin,
Wo er mit wilden Mächten rang,
Die zitterten vor ihm.

Und staunend sieht der Wandersmann
Den Tritt und weiten Sprung;
Und glaubt, dass Heilige getan,
Was keinem sonst gelung.

Und glaubt, dass Glaube stärker ist
Als jeder Marmelstein;
Dass frommer Eifer schneller ist
Als jedes Vögelein.

Und kommt auch mancher Jungherr hin
Und misst den großen Tritt,
Und ist zu weit nach seinem Sinn
Von Fels zu Fels der Schritt,

So spricht der Führer artiglich
Zu ihm an seiner Seit':
„Wohlweiser Mann, du irrest dich,
Dein Messen fehlet weit,

Der Mann, der solches hat getan,
War eine Kraftnatur;
Bemiss doch nicht den großen Mann
Nach deiner Zwergstatur!"

Schriften: Neben den Magnusviten entstanden später unterschiedliche Schriften über die Wunder und die Verehrung von Magnus. So zum Beispiel ein Mirakelbuch, das 1729 in Kempten erschien mit dem fantastischen Titel: „Starcker Arm Gottes, der Welt gezeigt in dem Wunder- und Heiligkeit − vollen Lebenswandel deß grossen heiligen Abbt und Beichtigers Magni ersten Stifter und Vorstehers deß uralten von deinem Nahmen sich hernennenden weitberühmten Benedictinerischen Stüfft und Gotts-Haußes in Füssen".

Wappen: Zahlreiche Wappen von Dörfern, Vereinen oder Kirchen zeigen Magnus, meist mit Stab und Drachen abgebildet. Dazu einige Beispiele:

Der Magnusstab

Für die Verehrung des heiligen Magnus war sein Stab von herausragender Bedeutung. Dies wird bewusst am Schluss dieser Betrachtung erwähnt, da sich hier besonders eindrücklich die Art und Weise der Magnusverehrung darstellt. Noch heute verleiht der Heimatbund Allgäu alljährlich den Magnusstab für besondere Verdienste um die Heimatpflege. Was hat es mit diesem Magnusstab auf sich?

Nach der Magnusvita erhielt Magnus diesen Stab von Gallus, der ihn wiederum von Columban bekommen hatte. Durch diese Stabübergabe stand Magnus nicht nur in der Tradition der iroschotti-

Wappen des Musikvereins St. Mang, Kempten.

Rundes Wappen des Stadtteils St. Mang, Kempten.

Als erstes Hoheitszeichen nach dem Ende des Zweiten Weltkrieges wurde dieses Wappen 1947 durch den bayerischen Ministerpräsidenten verliehen. Der goldene Abtsstab bezeichnet ihn als Gründer und ersten Abt des Benediktinerklosters St. Mang in Füssen. Auch in dessen seit dem 16. Jahrhundert nachweisbaren Wappen stand die Figur des Heiligen; davon rühren ferner die Farben Blau und Gold im Gemeindewappen her: Sie entsprechen zur Erinnerung an Herzog Pippin I. dem Wappen von Altburgund.

Wappen der Gemeinde Hainstadt (Stadt Buchen im Odenwald). In Silber St. Magnus in rotem Gewand, dem vor ihm kauernden feuerspeienden grünen Lindwurm (Drachen) mit der Rechten den schwarzen Kreuzstab entgegenhaltend, die Linke erhoben.

Wappen der Schweizer Gemeinde Rieden im Kanton St. Gallen. In Silber St. Magnus mit rotem Nimbus und schwarzem Mantel, in der Rechten den schwarzen Kreuzstab haltend, die Linke erhoben.

Magnus erhebt den Stab und das Ungeziefer muss weichen. Fresko, Johann Zick, 1746,
Pfarrkirche St. Mang in Bad Schussenried

Spätgotischer Magnusstab, um 1500. Auf dem sechsseitigen Knauf sind unterschiedliche Heilige abgebildet; durch ein Rundbogenfenster ist ein Partikel des Füssener Magnusstabes zu sehen; in der Stabkrümmung eine kleine Magnusstatuette. Kath. Stadtpfarramt St. Martin, Wangen

schen Mönche, sondern trat auch das geistliche Erbe seiner Mönchsväter Gallus und Columban an. Der Stab galt, wie im Alten Testament bei Mose, als Zeichen göttlicher Legitimation und Bevollmächtigung (2. Mose 7). Im Kampf gegen die Schlange Boa bei Kempten und den Drachen in Roßhaupten versetzte Magnus mit diesem Stab den gotteswidrigen Kräften dieser Orte den entscheidenden Todesstoß.

Als der Abt von Füssen, Johannes Heß, im Jahre 1469 das in der Krypta befindliche romanische Hochgrab öffnen ließ, fand er darin nur eine Kutte und einen „hültzern stok", der Magnus zugeschrieben wurde und der seitdem als der „Stab des heiligen Magnus" verehrt wurde. Infolge dieser Entdeckung entwickelte sich ab dem 15. Jahrhundert ein eigenes Brauchtum um den Stab des Magnus, dem eine besondere Wirkung zugesprochen wurde.

Mäuse, Engerlinge und Maikäferschwärme wurden dem Lande nicht selten zur Plage, vergleichbar den biblischen Heuschrecken, die auf ihren Zügen die Täler zur Wüste machten. In solchen Nöten wurde St. Mang angerufen, man holte sich den heiligen Stab aus Füssen und trug ihn in feierlicher Prozession über die heimgesuchten Felder, man steckte geweihte Mangenruten an die Ecken der Fluren und sprengte Mangenwasser. Die ersten Flursegnungen mit diesem Stab lassen sich schon kurz vor 1500 nachweisen und setzten sich bis zum Ende des 18. Jahrhunderts ununterbrochen fort. Bauern streuten mit dem Magnusstab in Berührung gekommene Erde auf ihre Felder, um damit Schädlinge zu vertreiben, und durch den Magnusstab gesegnetes Wasser wurde zum Schutz gegen Ungeziefer auf die Felder gesprengt oder den Tieren zum Trinken gegeben.

Eine Sage weiß Folgendes zu berichten: In Eutenhausen und Rettenbach soll alles Grün in Wald und Flur den Schnecken und Engerlingen zum Opfer gefallen sein. Nach einem Hilfegesuch kam

Magnusstab aus Zwiefalten, um 1680. Der Stab wurde aus Messing und Silber hergestellt und enthält in seiner Krümmung einen Splitter des Füssener Magnusstabes; in der Krümmung findet sich außerdem eine Magnusstatuette.

Füssener Urstab

ein Mönch auf einem Pferd reitend und den Magnusstab über die Flure haltend von Füssen herbei und gebot mit weithin schallender Stimme in Sankt Magnus' Namen allem Ungeziefer zu verschwinden, das daraufhin zu Tausenden davonzog und in den Fluten der Wertach unterging.

Nicht nur in seinem Heimatkloster Füssen kam der Stab zum Einsatz, sondern er wurde fortwährend in andere Gemeinden Schwabens, Bayerns, Tirols und der Schweiz ausgeliehen, um die dort von allerlei Ungeziefer geplagten Gegenden zu befreien. Am häufigsten wurde der Stab gegen Mäuseplagen angefordert. Dabei erwies sich der Magnusstab, wie es heißt, als wirkungsvoller und billiger als die Bekämpfung dieser Plage durch professionelle Mäusefänger. Ein Füssener Pater

schrieb im Jahre 1643: „Wo der heilige Stab unter Anrufung des frommen Abtes hinkam, blieben die Trauben sieben Jahre vom Himmel verschont, und wo man ihn unter Gebeten segnend über die Felder schwang, mussten alle Schädlinge weichen". Die Segnung mit dem Magnusstab erfolgte zwar kostenlos, erwies sich aber aufgrund von Dankesspenden für das Füssener Kloster als beachtliche Einnahmequelle.

Wegen dieser breiten Wirkung und des lukrativen Verdienstes wurden Splitter des Magnusstabes an unterschiedliche Orte geschickt und im 18. Jahrhundert weitere Magnusstäbe angefertigt. Mit ihnen bekämpfte man, so hieß es, ähnlich erfolgreich Würmer, Mäuse und anderes Ungeziefer wie mit dem Füssener Original. Während der Säkula-

risation (1802–1804) wurden die meisten dieser Stäbe eingeschmolzen beziehungsweise verbrannt und der Brauch dieser Art von Feldersegnung verboten.

Zur angeblichen Wirksamkeit des Magnusstabes gab es zu Beginn des 19. Jahrhunderts auch viele kritische Stimmen, wie die des Redakteurs einer aufklärerischen Zeitschrift, der schrieb: „Ich sah vor ungefähr 30 Jahren in einem Städtchen an der Donau einen Magnusstab, von dem man sagte, er sei aus Zwiefalten. Ich kann mir den Magnusherren noch heute sehr lebhaft vorstellen. Er war ein dicker fetter Mann und schwitzte sehr, als er mit seinem Stabe im Felde umherlief, um den Mäusen den Garaus zu machen. Es kostet aber auch Mühe bis Waßer und Sand zur Genüge geweiht, und die Löcher überall damit ausgefüllt sind."

Gegenwärtig wird der von Abt Johannes Heß gefundene „hültzern stok" des Magnus in der Füssener St.-Mang-Kirche in einem modernen, durchsichtigen Kreuz direkt über dem Volksaltar aufbewahrt. Er gilt als der Urstab, aus dem Partikel in anderen Stäben zu finden sind. Abt Alber ließ den noch circa 50 Zentimeter langen Stab 1572 in einen Silbermantel einfassen und auf dem Knauf eine kleine vergoldete Magnusfigur anbringen.

Bedeutendste Reliquie in Füssen ist der 1572 in Silber gefasste Urstab, der 1469 in dem Grab unter dem Hochaltar entdeckt wurde und fortan als Stab des hl. Magnus galt.

Verehrung zwischen Würdigung und Verherrlichung

Der Würdigung des Magnus als Vorbild eines Gottesmannes, von dem wir sehr viel lernen können, ist nur zuzustimmen. Wenn aber dem Heiligen so gehuldigt wird, dass diese Bewunderung den Weg zum allein Heiligen versperrt, hat sich Wesentliches verkehrt. Die Verehrung des Magnus hat leider immer wieder ein die Beziehung zu Gott förderndes Maß überschritten. Jesus Christus selbst warnt davor, nicht bei Menschen oder gar Gegenständen stehen zu bleiben. Nachdrücklich ruft der Sohn Gottes auf, zu IHM selbst zu kommen. „Kommt her zu mir, alle, die ihr euch plagt und von eurer Last fast erdrückt werdet; ich werde euch Ruhe verschaffen" (Matthäus 11,28). Alles Religiöse, was uns nicht in eine Beziehung zu Gott Vater und seinem Sohn selbst führt, darf und muss zu Recht kritisch hinterfragt werden.

In Magnus sehen wir einen Heiligen, den Gott auf außergewöhnliche Art und Weise gebrauchte und auch durch Zeichen und Wunder bestätigte. Der Grat zwischen einer Würdigung als Vorbild und einer unangemessenen Überhöhung und Verherrlichung kann sehr schmal sein. Als der Apostel Paulus einen Gelähmten heilte, wurden er und sein Gefährte Barnabas als Götter verehrt. Daraufhin heißt es in der Bibel: „Als das die Apostel Barnabas und Paulus hörten, zerrissen sie ihre Kleider und sprangen unter das Volk und schrien: Ihr Männer, was macht ihr da? Wir sind auch sterbliche Menschen wie ihr und predigen euch das Evangelium, dass ihr euch bekehren sollt von diesen falschen Göttern zu dem lebendigen Gott, der Himmel und Erde und das Meer und alles, was darin ist, gemacht hat" (Apostelgeschichte 14,14f). Würde bei so mancher Magnusverehrung Magnus nicht auch sein Gewand zerreißen? Er lebte für den Auftrag, das Evangelium in Wort und Tat so zu verkünden, dass Menschen in Jesus Christus Versöhnung und Frieden mit Gott finden sollten. Sein Ziel, seine Botschaft und sein Leben bestanden darin, Menschen zu Gott und nicht zu sich zu führen. Ein wesentliches Kriterium bei der Einordnung derartiger Verehrungen ist daher die Frage: Führt sie mich zu Gott selbst hin?

Eine kolorierte Federzeichnung aus dem 10. Jahrhundert zeigt Magnus unter einem mennigeroten romanischen Säulenbogen in Tunika mit spitzer Kapuze und vor der Brust zum Gruß geöffneten Händen. Rechts erscheint ein bärtiger Mann mit Reisestab. Über dem Rundbogen steht die Inschrift: O DIETRICE COMES – HIC MAGNUM LETUS ADORES. PRAEPARAT ETERNE QVI IAM TIBI GAUDIA UITE. Dieser dort beschriebene comes Dietricus wird also aufgefordert, Magnus froh zu verehren, der ihn dafür auf die Freuden des ewigen Lebens vorbereiten wird.
Paris, Bibliotheque Nationale, Ms. lat. 10867

Allgäuer Sagen um Magnus

Im Verlauf des Mittelalters entstanden um Magnus herum etliche Sagen. Solche Legenden umleuchten oft bedeutende Persönlichkeiten und weisen meist auf einen historischen Kern hin, der dann fantasievoll im Laufe der Jahrhunderte ausgeweitet wurde. Im Folgenden sind die volkskundlich bedeutendsten Magnussagen in Kurzform wiedergegeben, wie sie bis heute erzählt werden und in den Sammlungen der Allgäuer Sagen niedergeschrieben wurden.

Das nach Magnus benannte St.-Magnus-Bier wird heute noch vom Allgäuer Brauhaus nach einem Rezept aus dem Jahre 1712 gebraut.

Magnus hilft Bierbrauern: Durch Einwirken des Magnus stellte sich das Bier eines auslaufenden Fasses weit über den Krug in die Luft hinaus auf, ohne dass nur ein Tropfen verloren ging. Dieses überlieferte Wunder ließ Magnus zum Helfer und Patron der Bierbrauer werden. Nachdem die Bierbrauer von Kaufbeuren eine Wallfahrt zu den Reliquien des Magnus nach Füssen unternommen hatten, gelang es ihnen, so erzählt man sich, ein in seiner Qualität einzigartig schmackhaftes Bier herzustellen. Von nun an gingen sie jährlich zu einem Bittgang zum heiligen Magnus und opferten ihm auch eine zwanzigpfündige Wachskerze, auf der ein Bierfass samt dem Kaufbeurer Stadtwappen in einer erhabenen bunten Wachsarbeit eingearbeitet war. Die Wallfahrten nahmen im Verlauf der Jahre immer mehr ab, und die Kerze wurde immer kleiner, aber auch die Qualität des Bieres immer schlechter, und es schmeckte schließlich wie Urin. Da gingen die Bierbrauer in sich und setzten die Wallfahrt nach Füssen wieder treu fort. Fortan schmeckte das Bier so gut wie nie zuvor, und der Umsatz stieg rasant an.

Des Weiteren wird von einem Wirt in Schongau berichtet, der die üble Angewohnheit hatte, das Bier mit Wasser zu panschen. Nachdem es ihm nicht mehr gelang, seine Bierfässer zu öffnen, ohne des gesamten Inhaltes verlustig zu gehen, machte ihn ein alter Bauer darauf aufmerksam, dass hier St. Mang mit im Spiele sei, der kein Bierwasser dulde. Da ging der Wirt in sich und tat dem Heiligen zuliebe, was recht und billig war. Zu guter Letzt ließ er Sankt Magni Bierwunder von einem tüchtigen Maler über seine Haustür malen. Von da an verspürte er des Heiligen Segen. Kein trinkfester Mann ging nunmehr an seiner Schenke vorbei.

Zwei arme und behinderte Kinder werden durch das Einwirken des Magnus geheilt.
Pfarrkirche St. Magnus in Bad Schussenried.

Magnus heilt Kranke: Die in der Vita überlieferte Heilung eines Blinden in Bregenz rief zahlreiche Sagen über Heilungen hervor. So soll Magnus dem jeweils gottgefälligsten Einwohner des Allgäus die Fähigkeit der Wunderheilung verliehen haben. Ein solcher war ein Einsiedler an der Kapelle zu Enisried bei Seeg, der im Jahre 1525 nach dem Strafgericht der aufständischen Bauern, bei dem so mancher seines Augenlichtes beraubt worden war, einigen das Sehvermögen wiederzugeben vermochte.

Eine andere Sage berichtet davon, dass bei Wertach das Kind eines Bauern blind zur Welt kam. Der Bauer ging mit ihm zum Grab des Magnus nach Füssen, und auf dem Rückweg wurde das Kind durch ein Wunder auf einmal sehend.

Magnus siegt über Drachen: Die in der Vita in Kempten, Roßhaupten und Füssen überlieferten Auseinandersetzungen und Kämpfe des Magnus mit den Drachen und damit mit den finsteren Mächten des Bösen riefen über Jahrhunderte an etlichen Orten zahlreiche Sagen ins Leben. Gegen Ende des 18. Jahrhunderts wussten alte Leute über Ronsberg Folgendes zu berichten: In alter Zeit hausten in den Wäldern zwischen Ronsberg und Eglofs drei entsetzliche Drachen. Voller Verzweiflung baten die Bewohner Magnus, der gerade im Füssener Raum siegreich gegen Dämonen gekämpft hatte, um Hilfe. Mit gezähmten Bären machte Magnus den Drachen den Garaus und zündete den Wald, in dem sie gehaust hatten, an. Zum Andenken an diese Befreiungstat wurde noch Ende des 18. Jahrhunderts in der Ronsberger Gegend am Mangentag das „Wurmbrennen" als Volksbrauch geübt. Eine andere Sage spricht davon, dass im Wald bei Rettenbach ein furchtbarer Drache hauste, dem schon mehrere Stücke Vieh und einige Kinder zum Opfer gefallen waren. So schickte man nach dem Mangenstab zu Füssen, der, von einem Pater in den Wald getragen, auch diesmal seine Wirkung nicht verfehlte. Wie von der Übermacht gebannt, drückte sich das Untier winselnd und jaulend zu Boden, bis ihm der Pater den tödlichen Streich versetzte.

Magnus als Drachenbezwinger, Pfarrkirche St. Magnus in Bad Schussenried

Magnus in Mönchskukulle in einem Portal. Daneben erscheint
– erstmals! – sein anfängliches Attribut, der Bär, der die vom
Baum gefallenen Äpfel frisst. Ausschnitt aus dem Martyrologium aus Zwiefalten und die älteste bisher bekannte Abbildung des Magnus mit Bär, um 1138 – 1147.
Stuttgart, Württembergische Landesbibliothek Cod.hist.2°415

Magnus zähmt wilde Bären: Die Vita berichtet,
dass ein von Magnus gefügig gemachter Bär ihm
unter einer Tanne eine Erzader freilegte. Eine in
diesem Zusammenhang sehr erhellende Sage
spricht davon, dass Magnus am Säuling mehrere
verwilderte Menschen vorfand, die wie die dort
zahlreich lebenden Bären vom gemeinsamen
Raub lebten. St. Magnus sprach diese Wilden
freundlich an, und sie verhielten sich ganz zahm.
Und siehe, da trat ein zottiger „Bergmann" ganz
zutraulich an Magnus heran, zeigte auf eine
Tanne und scharrte darunter mit dem Fuß, bis
Spuren von Eisenerz zum Vorschein kamen.

Vom gezähmten wilden Stier: Einst, so heißt es,
trieb ein wilder Stier, Holzmolle genannt, in der
Nähe von Füssen bei Holzleuten in einem Wald
sein Unwesen. Jeder, der ihm zu nahe kam, wurde
von seinen gewaltigen Hörnern aufgegabelt. Zwei
beherzte Männer machten sich auf, um den Holzmolle zu erledigen, aber dieser wirbelte sie in die
Luft. Als die Holzleutener dies von der Ferne
sahen, riefen sie wie aus einem Mund: „Sankt
Mang! Erbarmen". Da war es, als ob ein leuchten-

der Blitz vor dem Holzmolle niederginge. Einige
wollten sogar den Heiligen selber gesehen haben,
wie er das wilde Tier berührte. Der Holzmolle
aber bog seine Vorderbeine und blieb eine Zeit
lang wie betend knien. Der Stier war von da an
die Gutmütigkeit selbst.

**Der Wächtlasmang und die Hungersnot in
Kempten:** Einst lebte in Kempten der alte Wächtlasmang, der von Jugend an jedes Jahr sieben Mal
zu Fuß zum Grab seines Namenspatrons Magnus
nach Füssen wallte. Als nun in Kempten eine
Hungersnot ausbrach, die so schlimm war, dass
die Menschen anfingen, an Hunger zu sterben,
machte sich der Wächtlasmang erneut auf den
Weg nach Füssen, um dort Sankt Mang um Hilfe
anzurufen. Kaum dort angelangt, kam plötzlich
von überallher das Vieh von den Bergen nach
Kempten, sodass die Menschen genug zu essen
hatten und dem Wächtlasmang für ihre Rettung
danken wollten. Dieser war jedoch am Grab seines Heiligen in eine bessere Welt hinübergegan-
gen.

Ein Bär gräbt auf Magnus' Geheiß eine Tanne aus. Cuonrad Sailer, 1451, St. Gallen, Stiftsbibliothek, Cod. Sang. 602

Was wollen uns die Sagen sagen?

Wird uns mit all den Sagen nicht im wahrsten Sinne des Wortes ein Bär aufgebunden? Ein Bär versorgt schließlich Columban mit Äpfeln, sammelt Holz für Gallus und führt Magnus zu einer Erzader. Gerade die Sagen über die Bären sind sehr erhellend, da sie deutlich davon sprechen, dass mit den Bären im Wald lebende wilde und räuberische Männer gemeint sind. Der Bär ist so ein Sinnbild für verwilderte Menschen, die durch das Einwirken eines von Gott Bevollmächtigten „gezähmt" wurden. Durch das Wirken des Magnus wurden verwahrloste Menschen so umgewandelt, dass sie nicht mehr zur Zerstörung, sondern zum Aufbau des Lebens und der Gesellschaft dienten. Indem Magnus die „Bären" in der richtigen Art – wohl auch mit dem Evangelium – ansprach, wurden ihre Begabungen zum Wohl des ganzen Gebietes in Füssen freigesetzt.

Bei den meisten Magnusdarstellungen ist sein Erkennungszeichen der Stab, mit dem er einen Drachen besiegt. Dass mit der Schlange Boa in Kempten, dem Drachen in Roßhaupten und den weiteren Drachen und Schlangen in Füssen eine sich dem Magnus entgegenstellende Kraft des Widersachers Gottes beschrieben wurde, war jener Zeit geläufig. Es bedurfte keiner weiteren Erklärung, wer mit dem Drachen gemeint war, denn die Worte in der Offenbarung des Neuen Testamentes waren bekannt: „Und es wurde hinausgeworfen der große Drache, die alte Schlange, die da heißt Teufel und Satan, der die ganze Welt verführt" (Offenbarung 12,9). Jesus Christus besiegte durch seinen Tod am Kreuz und seine Auferstehung die Schlange und zertrat ihr den Kopf (1. Mose 3,15). Magnus wird in unterschiedlichen, zum Teil sehr fantasievollen Sagen als der Drachentöter und Schlangenbezwinger beschrieben. Hinter all dem steht jedoch die Grundaussage, dass bevollmächtigte Menschen Gottes die menschenzerstörenden Kräfte des Widersachers durch die Macht Gottes zu besiegen vermögen.

Die Sagen, dass Magnus sozusagen vom Himmel her Bierbrauern half, wilde Stiere zähmte, Heilungen herbeiführte oder Menschen begabte, dies zu tun, sind dem Bereich einer sich über Jahrhunderte entwickelnden Volksfrömmigkeit zuzuordnen und erscheinen mehr als fraglich zu sein. Vom Himmel her wirkt allein der auferstandene HERR. Die Magnussagen sind teilweise Ausdruck einer gefährlichen Verschiebung, den Glauben und die Hilfesuche auf Magnus anstatt auf den lebendigen Gott auszurichten. Eine solche Überhöhung eines Menschen hätte in einer iroschottisch-geistlichen Gesinnung in dieser Form keinen Platz gehabt. Diese Mönche wiesen in ihren Worten und Taten deutlich über sich hinaus auf den einzig wahren Gott hin, den es zu verehren und zu verherrlichen gilt.

7

Die Bedeutung des Magnus

- Welches Bild lässt sich von Magnus gewinnen?
- Wozu war Magnus nötig?
- Die Bedeutung des Magnus zu seinen Lebzeiten
- Welche Bedeutung hat Magnus für uns heute?
- Ausblick – eine persönliche Interpretation
  Was hat Magnus unseren Kirchen
  von heute zu sagen?

St. Magnus und St. Lorenz vor der Kemptener
St.-Mang-Brücke, im Hintergrund ist die
St.-Mang-Kirche zu sehen.
Darstellung von Karl Hoefelmayr, 1952

Welches Bild lässt sich von Magnus gewinnen?

Seien wir uns dessen bewusst: Jegliche wissenschaftlich erforschte Geschichtsdarstellung bewegt sich im Spannungsfeld zwischen harten Fakten und deren individueller Interpretation. Magnuskenner wie Eduard Gebele, Gebhard Spahr, Dorothea Walz oder Alfred Weitnauer kommen mitunter zu sehr unterschiedlichen Auffassungen.

Zerrbilder über Magnus gibt es genug. Als Beispiele dafür seien drei Darstellungen aus dem 18. – 20. Jahrhundert angeführt. Die ersten beiden Gemälde zeigen Magnus in einem völlig überzogenen Bild der Verklärung, die jedes historischen Anhaltspunktes entbehren. Als Beispiel einer neuzeitlichen, aber ebenso verwegenen Schilderung des Magnus sei der Magnusbrunnen in Kempten angeführt.

Weder barocke Übertreibung noch vage neuzeitliche Beliebigkeit werden der Person des Magnus gerecht. Die eigens für das Buch erstellten Zeichnungen sollen ein historisch ausgewogeneres Urteil über Magnus erlauben.

Durch den geschichtlichen Einblick in die ersten Jahrhunderte des Allgäus, die Darstellung des iroschottischen Hintergrundes des Magnus, die Untersuchung der Handschriften und die Ausführung über das Leben und Wirken des Heiligen sowie die Darlegung der Verehrung und Sagen über ihn sollte ein historisch trefflicheres Bild von Magnus zu erkennen sein. Ein Historiker las dieses Buch und kommentierte es mit den Worten: „Sie haben ein griffiges Bild entworfen, wer Magnus gewesen sein könnte."

Magnus verabschiedet sich von seinen Eltern. Hier soll Magnus einem vornehmen und hochadligen Geschlecht entsprossen, ja sogar von königlichen Eltern geboren und ein Prinz gewesen sein. Kuppelfresko der St.-Mang-Kirche von Franz Georg Hermann, 1720

Der Tod des Magnus. Eine Stimme vom Himmel erschallt und ruft dem Sterbenden zu: „VENI MAGNE ACCIPE CORONA", „Komm, Magnus, empfange die Krone". Kuppelfresko der St.-Mang-Kirche von Franz Georg Hermann, 1720

Der jugendliche, siegfriedartige Magnus am Kemptener Magnusbrunnen. Diese Grimmsche Märchendarstellung hat mit dem historischen Magnus nicht viel mehr als den Namen gemein. Aus dem das Evangelium bringenden beeindruckenden Mönch ist hier ein wagnerscher Jüngling geworden. Georg Wrba, 1905

SKT. LORENZ
SKT. MAGNUS

Boten, die das Evangelium verkündigten: St. Lorenz von Rom (rechts), der als Märtyrer starb und St. Magnus von Füssen.

Wozu war Magnus nötig?

Musste denn das Allgäu durch Magnus christianisiert werden?

Die Frage ist bewusst im doppelten Sinne gestellt. Zum einen meint die Frage: Braucht es überhaupt so etwas wie Christianisierung? Wäre Magnus nicht besser in St. Gallen oder, noch besser, gleich in Irland geblieben? Wenn Christsein nur als eine gewisse Art von Kultur, möglicherweise auch als Kulturverbesserung gesehen wird, in der man dann ein paar solide Werte hat, um miteinander verträglicher umgehen zu können, wäre das recht dürftig. Meint Christsein aber, dass Gott eine verlorene Menschheit in seinem Sohn Jesus Christus versöhnt hat und dass er heute noch ruft: „Lasst euch versöhnen mit Gott", dann ist dies eine frohe Botschaft (Evangelium), die es zu jedem Jahrhundert und an allen Orten zu verkündigen gilt. Dann ist auch ein Magnus als Bote des Evangeliums in Wort und Tat von Bedeutung. Magnus spricht zu dem geheilten Blinden in Bregenz das Jesuswort: „Wenn du dem Herrn dienen willst, dann folge mir nach" (Matthäus 19,21) und umreißt damit das zentrale Thema seines Auftrags, warum er in das Allgäu kam: die Menschen aufzurufen, Gott kennenzulernen und ihm (Jesus) nachzufolgen.

Zum anderen kann die Frage darauf abzielen, ob die Allgäuer denn nicht schon längst Christen waren? Die Antwort kann unterschiedlich gegeben werden – es kommt ganz darauf an, was man denn unter christlich versteht. Die fränkische Mission, wie sie sich beispielsweise unter Dagobert I. im frühen 7. Jahrhundert ereignete, wollte nicht die Herzen der Menschen erreichen, sondern sie in ein religiöses einheitliches System führen. Das Allgäu war im eigentlichen Sinne nicht wirklich christlich missioniert, sondern oftmals nur religiös okkupiert. Gegenwärtig gehören beispielsweise von den gut zwölf Millionen Einwohnern Bayerns circa zehn Millionen einer christlichen Kirche an. Kann man aber eine institutionelle Kirchenzugehörigkeit mit einem Christsein im Sinne einer persönlichen Beziehung zu Gott und einer daraus resultierenden Nachfolge Jesu Christi gleichsetzen? Es gibt eine Vielzahl aktueller Umfragen, die auf den großen Unterschied zwischen formeller Kirchenmitgliedschaft und persönlichem Glauben hinweisen. Wann aber ist man Christ? Gerade hier gibt die iroschottische Mönchsbewegung einen wertvollen Impuls, den christlichen Glauben in seinem Wesen nicht institutionell, sondern existenziell zu verankern. Christ ist dann der, der sich selbst von Gott geliebt weiß und dem Ruf Christi, „Komm und folge mir nach", positiv geantwortet hat. Diesen Ruf des Gottessohnes verkündigten die iroschottischen Mönche wie Magnus.

Die Bedeutung des Magnus zu seinen Lebzeiten

Mittels seiner anhaltenden physischen Präsenz konnte Magnus die Menschen auf dem Land mit seiner „Auge-in-Auge-Mentalität" sinnvoll erreichen. Mit ihm setzte im Füssener Land der Prozess der Zivilisation ein, der Kultivierung der äußeren Natur, aber auch der inneren des Menschen. Magnus betätigte sich als eine Art Entwicklungshelfer, in geistlicher und wirtschaftlicher Hinsicht. Einige Bereiche seiner Wirksamkeit seien hier zusammenfassend erwähnt:

Die Resonanz des Magnus ist in seinem Zusammenwirken mit Theodor, Tozzo und dem Bischof Wikterp von Augsburg zu sehen. Sie bauten Missionszellen in Kempten, Waltenhofen und Füssen. Die Missionszellen waren Keimzellen umfassenden Lebens, von denen aus urchristliche Glut zu leben begann. Diese Zellen schlugen ihre Wurzeln des Evangeliums in einer ländlich geprägten Kultur.

Es versteht sich fast von selbst, dass Magnus von St. Gallen aus natürlich auch die dort verbreiteten Kenntnisse, beispielsweise aus der Pflanzenheilkunde, mitbrachte, die es ihm ermöglichten, vielen körperlichen Gebrechen der Menschen wirksam zu begegnen. Es ist davon auszugehen, dass es so durch ihn zu einer deutlichen Hebung des Gesundheitszustandes der Bevölkerung kam. Das Know-how von St. Gallen verhalf dem Allgäu zu einem Technologietransfer, beispielsweise in der Fähigkeit, sinnvoll Gebiete zu roden, Felder zu bestellen oder das Vieh aufzuziehen. Mittels der Erzgewinnung leistete Magnus tatkräftigen Beistand beim Erwerbsleben der überwiegend armen Bevölkerung. Seine darin zu erkennende Fürsorge für eine solide wirtschaftliche Grundlage heimischer Menschen wird immer wieder hervorgehoben.

Durch seine Verkündigung und glaubhafte Taten bekehrten sich Menschen zum christlichen Glauben. Das Vertreiben von Schlangen und Drachen weist auf eine Energie hin, die Menschen befreite und ihnen neuen Lebensmut zusprach. Die zahm gewordenen Bären symbolisieren die im Wald lebenden wilden oder gar kriminellen Gesellen jener Zeit, die Magnus zum Dienst für das Volk nutzbar zu machen verstand. Offensichtlich besaß er eine Gabe, raue, „bärige" Gesellen, also auch sozial Schwache oder Asoziale, so zu beeinflussen, dass sie sich wieder konstruktiv in die Gesellschaft eingliedern konnten.

Welche Bedeutung hat Magnus für uns heute?

Die wesentlichste Bedeutung des Magnus lässt sich von der geistlichen Tragweite seiner Missionszellen ableiten. Die Magnusvita selbst weist eindrücklich auf den Sinn einer Missionszelle hin, indem beim Bau der Zelle in Kempten gesagt wird: „Wir wollen diesen Ort gemeinsam reinigen, denn der Herr will ihn zur Gründung einer Zelle

bereiten. Diese Woche wollen wir hier verbringen und eine kleine Kapelle bauen, auf dass die Leute hierzulande lernen, welche Barmherzigkeit der Herr ihnen zuteil werden ließ". Magnus wollte durch den Bau der Zellen etwas von der Barmherzigkeit, Güte und Größe Gottes sichtbar werden lassen. Die Frage, was denn heute unter Kirche sichtbar ist, wird zur Schlüsselfrage der Zukunft werden. Bei der iroschottischen Zellbewegung lässt sich eine urtümliche Dynamik geistlichen Lebens erkennen, die den etablierten institutionalisierten Kirchen wie der katholischen, evangelischen oder der freikirchlichen stark abhanden gekommen ist. Als Pastor einer Freikirche geht es mir nicht um eine Auf- oder Abwertung einzelner Konfessionen, sondern darum, das zu betonen, was man gemeinsam und jeder für sich von dem Schwung und der Hingabe dieser Bewegung, der auch Magnus angehörte, lernen kann.

Die Berührung von Himmel und Erde

Mönche wie Columban, Gallus und Magnus sahen sich als von oben gesandt, agierten aber nicht von oben herab, sondern waren mittendrin. Ihre Missionszellen sind Ausdruck eines echten Anliegens: zum einen, Menschen in ihren alltäglichen Lebensfeldern mit Gott in Berührung zu bringen; zum anderen, die Perspektive und den Horizont der Ewigkeit nicht aus den Augen zu verlieren. Inmitten dieser Spannung zwischen irdischer Herausforderung und himmlischer Ewigkeitshoffnung, zwischen Heimat bauen und doch auf Erden keine bleibende Heimat haben, bewegen sich die iroschottischen Missionszellen und geben ein Beispiel dafür, sich in dieser Welt zu engagieren, aber sich vom Irdischen nicht gefangennehmen zu lassen. Eine solche Zelle war kein Fremdkörper, sondern ein dynamisches Äquivalent in ihrer Zielkultur.

Magnus streifte als Pilger auf Erden in seiner Peregrinatio im Allgäu umher. Er war viel stärker geprägt von der Perspektive der Ewigkeit als von dem irdisch Vergänglichen. Von dieser Peregrina-

Der Ring um das keltische Kreuz als Kennzeichen iroschottischen Mönchtums, der das Ewig-Himmlische mit dem Zeitlich-Irdischen umschließt und durchdringt.

tio iroschottischer Mönche lässt sich lernen, aus der Perspektive der Ewigkeit zu leben, ohne gleich abgedreht und weltfremd zu sein. Der Blick auf die Ewigkeit gab ihnen Wertschätzung für das Jetzige, und im Jetzigen werden die Entscheidungen getroffen, die für die Ewigkeit von Bedeutung sind. Als Menschen der Ewigkeit verachteten sie das Irdische nicht, sondern sahen ihren Auftrag darin, Hoffnung und tatkräftige Hilfe im Hier und Jetzt zu geben. Sie verstanden etwas vom Glück eines Ewigkeitsmenschen. Für sie war der Tod kein Untergang, sondern Heimgang. Diese von der Ewigkeit geprägte Hoffnung trug für sie ganz wesentlich dazu bei, sich für ihren Nächsten mehr

einzubringen als für sich selbst. Gerade einer Zeit, die von einer Art „Abschaffung der Ewigkeit" geprägt ist und die Frage nach dem Leben nach dem Tod zumeist peinlich verdrängt oder banalisiert, hat diese Ewigkeitsorientierung viel zu sagen. Persönlich war dies für mich bei der Beschäftigung mit Magnus eine der eindrücklichsten Erkenntnisse. Kirche muss wieder der Ort werden, wo Himmel und Erde durch das Kreuz Jesu in eine befreiende Berührung zueinander kommen. Darauf verstanden sich die iroschottischen Mönche.

Die Missionszellen als Kirche der Zukunft?

Die iroschottischen Missionszellen geben einen Ausblick auf eine mögliche Kirche der Zukunft. Eine Kirche, die die Existenzberechtigung ihrer Institution nur dann glaubwürdig in die Gesellschaft tragen kann, wenn in ihr wieder das Wesentliche aufleuchtet und zur Wirksamkeit kommt. Das Wesentliche ist schlichtweg der Wesentliche, nämlich Gott selbst, wie er sich in seinem Sohn Jesus Christus geoffenbart hat. Das Wirken Gottes setzte durch Magnus Menschen, die wild wie Bären waren, frei und löste Fesseln von Menschen, wie es in den Bildern von Drachen und Schlangen verdeutlicht wird. Die Kirchen, in denen ein solches umfassendes Wirken in Wort und Tat zum Zug kommt, haben auch Zukunft. Und zwar dann, wenn der durch sie aufleuchtet, der von sich sagte: „Ich bin der Weg, die Wahrheit und das Leben. Niemand kommt zum Vater, außer durch mich" (Johannes 14,6). Die Erneuerung der Kirchen kann nur aus dem Kern des christlichen Glaubens selbst erfolgen. Das Wesentliche ist nicht in Traditionen oder dogmatischen Inhalten zu finden, sondern in der Person Jesus Christus selbst. Es muss darum gehen, ihn zum Leuchten zu bringen. Die Leuchtkraft des Evangeliums, die Schönheit des Glaubens liegen in seiner Person selbst. Die katholische und evangelische Kirche und auch die Freikirchen werden dann Zukunft haben, wenn in ihnen von Christus her kommend echtes geistliches Leben zirkuliert. Die iroschottischen Missionszellen geben ein plastisches Bild, was dies bedeutet und wie sie es für sich umgesetzt haben.

Neue Bewegungen, die sich zum Beispiel „keltisches Christentum", „New Monasticism" oder „Iona Community" nennen, haben sich aufgemacht, nach dem Vorbild der iroschottischen Missionszellen Christsein in einer Art Kloster inmitten der Gesellschaft zu leben. Die Sehnsucht, Glaube und Alltag, Himmel und Erde nicht voneinander zu trennen, sondern in Einheit miteinander verbinden zu können, ist groß. Nicht von ungefähr wird von Columbans Revolution gesprochen – sie fordert, das Klosterleben nicht abgeschieden hinter Mauern, sondern inmitten der Gesellschaft zu leben. Gläubige Christen müssen den Mut finden, ihre Hoffnung und Zuversicht nicht hinter Kirchenmauern verborgen, sondern auf den Plätzen des Lebens zu praktizieren.

Der wundersame heilige Magnus

Gebhard Spahr macht in Bezug auf die Glaubwürdigkeit der Wunderberichte in seinem Buch über Magnus eine bemerkenswerte Aussage: „Vielleicht ist dies das größte Übel unserer Zeit, dass wir alles, was wir nicht messen und zählen können, für Märchen halten, für Phantasie, für frei erfundene Dichtung. Wir werden dadurch exakt und wissenschaftlich. Aber uns gehen ungeheure große Werte verloren, nämlich die nicht messbare Wirklichkeit. Wir haben keine Ahnung mehr von den Mythen und kein Verhältnis zu den echten Wurzeln des Lebens."

Bei den überlieferten Wundern des Magnus spiegelt sich etwas von dem Bestreben Gottes wider, für Menschen ein Helfer in der Not, ein Heiler in Gebrechen und ein Befreier in Bedrängnissen zu sein. So beispielsweise im Leben des Magnus bei der Heilung des Blinden in Bregenz, bei der Tötung der menschenknechtenden Schlange in Kempten oder des drangsalierenden Drachens in Roßhaupten, durch das Auffinden der Erzader

in Füssen oder das „Zähmen" wilder Menschen (Bären). Die Wunderberichte der Magnusvita fordern positiv heraus. Denn es stellt sich die Frage: Wo sind diese konkreten befreienden Wundertaten Gottes unter uns heute erfahrbar? Die Wurzel echten Lebens liegt in der Begegnung mit Gott verborgen. In dieser Begegnung ereignet sich ganz natürlich Übernatürliches.

Magnus wird meist als der heilige Magnus oder St. Magnus bezeichnet. Heilig bedeutet „abgesondert" für Gott. Der Apostel Paulus nennt im Neuen Testament all die Menschen Heilige, die durch Christus Kinder Gottes geworden sind. So scheut sich der Apostel Paulus beispielsweise nicht, die Christen in Rom als „die Geliebten Gottes und berufenen Heiligen in Rom" anzusprechen. Heilig ist der, der sich von einem von Gott unabhängigen Leben zu einem Leben mit Gott entschlossen hat und so zum Kind Gottes geworden ist. In diesem Sinne ist der heilige Magnus ein Vorbild und ein Vorläufer für jeden, der sich von Gott selbst zu einem heiligen Kind Gottes rufen lässt.

Mit seiner leidenschaftlichen Hingabe an Gott und die Menschen und mit seiner geistlich aufrüttelnden Kraft erzielte Magnus eine beeindruckende Wirkung. Magnus war der rechte Mann zur rechten Zeit am rechten Ort. Sowohl seine Vita als auch seine Wirkungsgeschichte umreißen eine Persönlichkeit mit großer Strahlkraft. Die Gestalt des Magnus ist gegenwärtig als die eines Mannes, der Hand angelegt hat, um das Evangelium von Jesus Christus im Allgäu umfassend in Wort und Tat erkennbar zu machen. Magnus wurde so zu einem, der mit dem Allgäuer Volk verwachsen ist und deshalb so bezeichnet werden darf, wie es seit dem 17. Jahrhundert vielfach geschieht: als „Apostel des Allgäus".

Die Magnuskapelle im südlichen Teil der St.-Mang-Kirche in Füssen, in der fälschlicherweise der einstige Standort der Magnuszelle vermutet wurde. Marmorskulptur von Anton Sturm, um 1715.
Darüber die Inschrift: „ALLGAJORUM APOSTOLO" – „Apostel des Allgäus".

Ausblick –
eine persönliche Interpretation

Was hat Magnus unseren Kirchen von heute zu sagen?

Der westlich geprägte Mensch von heute ist alles andere als religionsmüde. Ganz im Gegenteil: Spiritualität im Sinne einer Religionsproduktivität boomt und prägt zunehmend unseren Kulturkreis. Erstaunlich ist, dass sich dieser Trend an unseren Kirchen weitgehend vorbeibewegt. Gemäß dem Motto: Religion und Spiritualität ja – Kirche und ihr Gott nein. Der katholische Theologe Johann Baptist Metz spricht von einer *religionsfreudigen Gottlosigkeit*. Die westliche Kultur ist im Wandel. Unsere Kirchen sind zu der Entscheidung herausgefordert, darum zu ringen, „Leib Christi" zu sein oder sich dem breiten Zuspruch der Gesellschaft zu ergeben und als eine Art Sozialverein zu agieren. Der Reformator Martin Luther betonte immer wieder: Aufgabe der Kirche sei es, zum Glauben an Jesus Christus zu rufen und Christen zu ermutigen, Christus nachzufolgen und diesen in der Welt zu verkündigen. Wir als Kirche sind dazu berufen, mit Freude und Kraft Träger der wichtigsten und hörenswertesten Botschaft aller Zeiten zu sein.

Auch die iroschottischen Mönche fragten: Wie bringen wir den Menschen das Salz der Wahrheit und das Licht des Evangeliums? Was hat Magnus unseren Kirchen von heute zu sagen und was würde er uns mit auf den Weg geben? Persönlich durfte ich für meine Arbeit als Pastor einer Kirchengemeinde und Vorsitzender einer bundesweiten Kirchenerneuerungsbewegung vieles aus dem Studium über Magnus lernen. Erlauben Sie mir, einige Gedanken des Magnus und der iroschottischen Mönchsbewegung auf unsere gegenwärtige Kirchenlandschaft zu beziehen und in folgende Thesen zu fassen:

1. Kirchengemeinde als Ort für den Wesentlichen

Gemeinde Jesu wird nicht durch sorgfältige Analysen belebt, sondern durch eine Faszination und Begeisterung für ihren Herrn. Gemeinde ist der Ort, wo die Herrlichkeit Gottes, seine Liebe und seine Wahrheit aufleuchten. Es ist primär das Defizit an Erfahrung der Heiligkeit und der Herrlichkeit Gottes, was Menschen dazu führt, die Kirchen zu verlassen. Wir müssen letztendlich nicht zurück zu den Vätern unserer jeweiligen Tradition, sondern zurück zum Vater im Himmel! Zurück zu Jesus, dem Heiligen Gottes, zu ihm, der von sich sagt: „Wer mich sieht, der sieht den Vater"! (Johannes 14,9) Die Kraft des Glaubens liegt in der persönlichen Begegnung und Beziehung mit Jesus Christus. Ist er, der Wesentliche, in unseren Kirchen erfahrbar? Die iroschottische Mönchsbewegung und das Leben des Magnus, wie es uns von seiner Vita her überliefert ist, setzen ein plastisches Bild, wie es aussehen kann, Gott zu lieben und zu fürchten (S. 32f).

Erste These: Die Kirche der Zukunft wird sich immer wieder neu auf ihren Gründer und Erhalter – Jesus Christus – ausrichten müssen. Die Kirche als Institution wird dann Zukunft haben, wenn sie von der zentralen Person des Evangeliums überzeugt ist, ihn persönlich erfahren hat und ihn verstehbar vermittelt.

2. Kirchengemeinde als Besitz Jesu Christi

Gemeinde Jesu Christi ist mit nichts zu vergleichen. Sie ist analogielos. Sie ist von ihrem Wesen her keine Organisation, sondern ein von Christus, dem Haupt, herkommender lebendiger Organismus. Sie gehört allein Christus und dem himmlischen Vater – wie der Begriff *Kirche* in seiner ursprünglichen Bedeutung unverwechselbar betont: *Dem Herrn gehörig.* Pulsierendes Leben einer Kirchengemeinde ist Ausdruck einer von Gott gewirkten Lebens- und Beziehungskultur in der, den unterschiedlichsten Begabungen Raum zur Einfaltung gegeben wird. Wo ist der von Christus, dem Haupt, eingesetzte fünffältige Leitungsdienst, bestehend aus Aposteln, Propheten, Evangelisten, Hirten und Lehrern geblieben? Dieses multifunktionale Gabenspektrum stellt die Bauanweisung für eine kraftvolle Kirche dar, die den Herausforderungen der Zeit nicht nur standhält, sondern auch fähig ist, in der Gesellschaft wirksames Salz und sichtbares Licht zu sein (vgl. Epheser 4,11ff). Der katholische Bischof Wikterp war sich nicht zu schade, Abt Otmar, den Leiter eines iroschottischen Klosters in St. Gallen, für die Verbreitung des Evangeliums im Allgäu um Hilfe zu bitten (S. 67ff). Erst so wurde das Wirken des Magnus im Allgäu ermöglicht. Solche Wikterps brauchen wir! Kirchenmänner und Kirchenfrauen, die um der Botschaft Jesu Christi willen bereit sind, andere von Gott begabte Personen zu finden, zu fördern und für ihren Dienst am Evangelium freizusetzen.

Zweite These: Kirche gehört nicht einer Kirchenleitung, sondern Jesus Christus und dem Vater im Himmel. Die Kirche der Zukunft wird eine Kirchenleitung haben, die den Mut und das Gottvertrauen aufbringt, anderen integren Gabenträgern Raum zu geben, auch wenn das bedeuten könnte, selbst Einfluss zu verlieren.

3. Kirchengemeinde und ihr Vertrauen in das Wort Gottes

Jesus Christus lebte aus einem kindlichen Vertrauen seinem himmlischen Vater und den Worten des Gesetzes und der Propheten gegenüber (Matthäus 5,17f). Ohne Vertrauen in die Glaubwürdigkeit des Wortes Gottes verliert die Kirche ihre Grundlage. Intellektuelle Redlichkeit und kindliches Vertrauen in das Wort Gottes stehen in keinem Widerspruch zueinander. Kirche, die bereit ist, dem Wort Gottes zu folgen und es über Menschenwort zu setzen, wird anecken. In ihr wird aber auch der lebendige Gott wirken und zu finden sein. Predigten dürfen sich nicht in humanistisch nette Reflexionen mit ein paar eingestreuten Bibelworten verflüchtigen. Ein das Leben

verändernder Glaube oder missionarische Zugkraft können so nicht entstehen. Nicht nur die Liebe und die Barmherzigkeit Gottes, sondern auch seine Souveränität, die Ehrfurcht vor seinem Gericht, die Sünde des Menschen, ja, die Existenz Satans und der Hölle dürfen nicht verschwiegen oder als Mythos umgedeutet werden. Ein Columban in Bregenz (S. 41) oder ein Magnus in Kempten (S. 52ff) erwiesen sich diesbezüglich als überaus kühn. Sie waren bereit, eine Botschaft mit biblischem Profil zu verkündigen, die Empörung auslöste, aber auch Menschen zum Glauben an Jesus Christus führte.

Dritte These: Die Kirche der Zukunft wird immer wieder darum ringen müssen, sich ein positiv kindliches Vertrauen in das Wort Gottes zu erhalten. Sie bekennt Farbe und bringt sich zu kontroversen Fragen der Gesellschaft ein, ohne das Wort Gottes dabei zu relativieren.

4. Kirchengemeinde und der Geist Gottes

Gott will durch seinen Geist zu uns reden. Zum Beispiel im Gottesdienst. Nicht nur durch Predigt und Liturgie (Anbetung), sondern durch „normale Christen", die persönlich berichten, wie sie Gott in ihrem Alltag erleben. Wir werden erstaunt sein, wie konkret der Geist Gottes durch Einzelne reden und handeln kann. Wo Christen mit ihren Gotteserfahrungen in der Kirche zu Wort kommen, wird Kirche zu einer echten Heimat. Der Heilige Geist ist die wesentliche Kraft, von der sich die Gemeinde Jesu Christi bestimmen lässt. Deswegen der apostolische Rat: „Den Geist dämpft nicht" (1 Thessalonicher 5,19). Bei Magnus begegnet uns eine Geistesgegenwärtigkeit – sozusagen auf Schritt und Tritt (S. 72ff). Die iroschottischen Missionszellen sind ein bemerkenswerter Ausdruck einer vom Geist Gottes durchdrungenen Gemeinschaftsstruktur (S. 36ff). Sie lebten Glauben nicht nur im Gottesdienst, sondern auch in kleinen Gruppen mitten im Leben. So wurde die Licht- und Salzwirkung für die Menschen ihrer Zeit im alltäglichen Leben erfahrbar.

Vierte These: Die Kirche der Zukunft ist untrennbar mit dem Heiligen Geist verbunden. Von ihm bekommt sie Rückenwind und empfängt die Kraft, miteinander Licht und Salz für die Welt zu sein. Sie kann eine klare Antwort darauf geben, welcher Geist sie begeistert.

5. Kirchengemeinde und jesuanische Herzenszucht

Nicht nur das Herz eines einzelnen Christen, sondern auch das einer ganzen Kirche kann gefährdet sein. „Behüte dein Herz mit allem Fleiß, denn daraus quillt das Leben" (Sprüche 4,23). Jede Kirche benötigt himmlische Korrektur, um nicht vom Kurs abzukommen und ihr „Herz" zu bewahren. Zu meinen, Christus sei sowieso da, weil es sich ja um Kirche handelt, ist – wie man aus den Sendschreiben in der Offenbarung entnehmen kann – eine fatale Fehleinschätzung (Offenbarung 2 – 3). Wo Gemeinde nach den Maßstäben kultureller Prägung oder den Vorgaben der Postmoderne operiert, hat sie Jesus Christus aus Herz und Augen verloren. Nicht durch Anpassung an die Gesellschaft, sondern durch eine konstruktiv prägende Differenz zu ihrer Umwelt wird die Gemeinde der Zukunft Salz und Licht sein. Es braucht immer wieder eine Art „Neukalibrierung" unserer Herzen, eine „Jesuanische Herzenszucht". Kirche ist eine Gemeinschaft von Menschen, die in ihren Herzen von einer persönlichen Gottesbeziehung geprägt sind. Die iroschottischen Mönche wussten, dass ohne Umkehr aus der Gottesferne Gottesnähe nicht möglich ist. Ihre Vollmacht stand in einem direkten Zusammenhang damit, dass sie auf ihr Herz achteten und es nicht von Nebensächlichkeiten gefangen nehmen ließen (S. 34).

Fünfte These: Die Kirche der Zukunft gewinnt ihre Vollmacht nicht aus ihrer kulturellen Größe, ihrem Finanzvolumen oder ihrem Bekanntheitsgrad, sondern aus ihrer stetig erneuerten Herzensbeziehung zu Jesus Christus.

Fazit

Magnus kommt aus einer Glaubensbewegung, die uns viel zu sagen hat. Ergriffen von der persönlichen Beziehung zu Jesus Christus, bewegt von seiner Liebe und der Ehrfurcht Gottes. Mit dem Mut, Neues zu wagen und Altes zu verlassen. Unerschrocken das Evangelium zu verkündigen – in Wort und Tat. Durchdrungen von einem Glauben, der etwas in Bewegung bringt und dadurch Unmögliches möglich macht. Eine Glaubensbewegung, die zugleich den Verstand gebrauchte und klare Strukturen setzte, um Menschen in Not konkret helfen zu können. Die Welt zu umarmen und mit dem Evangelium in Berührung zu bringen, ohne dabei ihre prägende Mitte in Christus zu verlieren.

Welche Worte sind geeignet, ein Buch über St. Magnus zu beenden, die seinem Leben und seiner Botschaft gerecht werden? Das Gebet seines geistlichen Vaters Columban scheint mir ein angemessener Abschluss zu sein. Magnus wird in ähnlicher Weise die Menschen seiner Zeit dazu aufgerufen haben, so zu Gott zu beten, um seine befreiende Kraft und sein konkretes Handeln zu erfahren. Dazu lade auch ich Sie ein.

Hans-Dieter Klein, Neckarbischofsheim

Gebet des Columban

Mein Herr, zerstöre und merze aus,
was mein Widersacher in mich pflanzt,
damit, nach der Beseitigung aller Ungerechtigkeit,
du die Weisheit auf meine Lippen legen kannst
und in mein Herz das Begehren, gut zu handeln.
Mach', dass ich Dir allein diene
in meinen Werken und in der Wahrheit,
dass ich die Gebote Christi zu erfüllen vermag,
und nur Dich suche.
Mach', dass ich an Dich denke;
gib' mir die Barmherzigkeit,
gib' mir die Keuschheit,
gib' mir den Glauben;
gib' mir all das, was meiner Seele nützlich ist.
Herr, vollbringe in mir das Gute,
und gewähre mir, was ich nötig habe.
Amen.

Alter irischer Segen

*Möge dein Weg dir freundlich entgegenkommen,
möge der Wind dir den Rücken stärken. Möge die
Sonne dein Gesicht erhellen und der Regen um
dich her die Felder tränken. Und bis wir beide, du
und ich, uns wieder sehen, möge Gott dich schüt-
zend in seiner Hand halten. Gott möge bei dir auf
deinem Kissen ruhen. Deine Wege mögen dich
aufwärts führen, freundliches Wetter begleite deinen Schritt. Und mögest du längst im Himmel
sein, wenn der Teufel bemerkt, dass du nicht mehr
da bist.*

Anhang

- Literaturverzeichnis
- Abbildungsnachweis
- Der Autor

Literaturverzeichnis

BIGELMAIR, Andreas. Der hl. Magnus, in: Lebensbilder aus dem bayrischen Schwaben, Band 2. München 1953.

BÖCK, Franz-Rasso & WEBER, Gerhard. Mehr als 1000 Jahre. Das Stift Kempten zwischen Gründung und Auflassung. Memmingen: Likias Verlag 2006

CAHILL, Thomas. Wie die Iren die Zivilisation retteten. München: Btb Verlag 2002.

ENDRÖS, Hermann & WEITNAUER, Alfred. Allgäuer Sagen, 4. Aufl., Kempten: Druck Kösel Verlag 1966.

GEBELE, Eduard. Der heilige Magnus von Füssen. Univ., Diss., 1953

HERRMANN, Norbert. Kemptner Geschichtsbuch. Kempten: Verlag für Heimatpflege 1963.

Museum der Stadt Füssen (Hrsg.). magnus – drache, bär und pilgerstab, Lindenberg: Kunstverlag Josef Fink 2000.

SCHMIDT, Kurt Dietrich. Bischof Wikterp in Epfach. Eine Studie über Bischof und Bischofssitz im 8. Jahrhundert, in: Studien zu Abodiacum – Epfach, hrsg. von WERNER, J. München 1964.

SPAHR, Gebhard. Der heilige Magnus. Leben, Legende, Verehrung. Allgäuer Heimatbücher, Band 75. Kempten: Verlag für Heimatpflege 1970.

WALZ, Dorothea. Auf den Spuren der Meister. Die Vita des heiligen Magnus von Füssen. Sigmaringen: Thorbecke Verlag 1989.

WEBER, Gerhard. Geschichte der Stadt Kempten. Kempten: Dannheimer Verlag 1989.

WEITNAUER, Alfred. Das erste Kloster Kempten. Kempten: Kösel Verlag 1950.

Abbildungsnachweis

Paul Iacob, Füssen:
Seite 77, 105, 117 oben rechts

Hans-Dieter Klein, Neckarbischofsheim: Seite 139

Stefan Kling, Ausgsburg: Seite 38

Stefan Kölliker, Ruswil: Seite 79 links

Carsten Kusche, Kennelbach: Seite 41

Ralf Lienert, Kempten:
Seite 8, 18, 26, 88 unten, 90, 91, 126, 129, 130

Paul Mertin, Füssen: Seite 96 oben, 100 unten

Magnus Peresson, Füssen: Seite 76

Gerhard Pfau, Oy: Seite 73 unten

Rudolf Rahn, Zürich: Seite 69

Erwin Reiter, Haslach: Seite 74, 78, 93, 95, 97, 98 oben,
99, 100, 102, 106 vier Bilder oben rechts, 109, 110, 118,
126, Rückseite oben

Manfred Sailer, Füssen: Seite 144

Andreas Sammet, Memmingen: Seite 21, 86

Hartmann Schedel, Nürnberg: Seite 112 unten

Anton Schmid, Bad Schussenried:
Seite 4, 84, 104, 106 oben links, 115, 121, 122

Hans Spirek, Weingarten: Seite 117 oben links

Thomas Springer, Kaufbeuren: Seite 70

Michael Steiger, Kempten:
Titel, Seite 3, 16, 17, 19, 20, 23, 31, 32, 37, 40

Peter van Treeck, München: Seite 14

Stefan Vatter, Kempten:
Seite 35, 67, 80, 89, 92, 94, 114, 133, 135

Alfred Vogler, Füssen: Seite 112 oben

Gerhard Weber, Kempten: Seite 88 oben

Erwin Wiegerling, Bad Tölz: Seite 96 unten

Dorothea Witt, Füssen: Seite 42

Alexander Zick, Berlin: Seite 68

Georg Zimmer, Leutkirch: Seite 12–13, Rückseite unten

Christian Zimmermann, Roßhaupten: Seite 75

**Abbildungsnachweis Organisationen, Museen
und Universitäten**

grafikbüro brandner, Leutkirch:
Seite 10, 22, 24, 25, 28, 73 oben, 87

Allgäuer Brauhaus, Kempten: Seite 120

Kunstverlag Josef Fink, Lindenberg: Seite 116

Bibliotheque Nationale, Paris, Ms. lat. 10867: Seite 119

Cologny, Foundation Martin Bodmer: Seite 107

Diözesanmuseum St. Afra, Augsburg: Seite 79 rechts

Staats- und Stadtbibliothek, Augsburg: Seite 63 rechts

Stiftsbibliothek Einsiedeln Cod. 265: Seite 47

Stiftsbibliothek St. Gallen

- Cod. Sang. 450: Seite 108

- Cod. Sang. 565: Seite 45, 72

- Cod. Sang. 602: Seite 24, 48, 49, 51–61, 124

Universitätsbibliothek, Augsburg: Seite 63 links, 64, 83

**Württembergische Landesbibliothek, Stuttgart,
Cod. hist. 2° 415:** Seite 46, 81, 123

Bildunterschriften:
- Titel: Magnus als iroschottischer Mönch, Michael Steiger
- Seite 12/13: Die drei „Allgäuheiligen" St. Magnus,
  St. Collumban und St. Gallus schauen auf ihre Wirkungs-
  stätte Bodensee und das Allgäu.
- Rückseite: Die drei „Allgäuheiligen" (unten),
  barocke Magnusfigur (oben)

Der Autor

Stefan Vatter, Jahrgang 1965, verheiratet, zwei Töchter. Nach seinem Theologiestudium ist er seit 1995 Pastor der Evangelisch-Freikirchlichen-Gemeinde in Kempten/Allgäu. Er ist Vorstandsvorsitzender der Geistlichen-Gemeinde-Erneuerung im Bund Evangelisch-Freikirchlicher Gemeinden in Deutschland und der Initiative Gebet Allgäu. Außerdem ist er als Seminar- und Konferenzsprecher sowie als Berater für Kirchen und Unternehmen tätig.

Im Frühjahr 2014 wird ein neues Buch von Stefan Vatter über die Bedeutung des Apostolischen Dienstes für die Kirchengemeinden von heute veröffentlicht.

Weitere Informationen unter:
www.stefanvatter.de
www.initiativegebetallgaeu.de

Initiative
Gebet
Allgäu

Magnus besiegt den Drachen, Füssen, Magnusbrunnen, Bronzeplastik von Vogler, 1968